PHILOSOPHY

人民日报学术文库

中国居民福利态度

测量与变迁

张虎平｜著

人民日报出版社

北 京

图书在版编目（CIP）数据

中国居民福利态度：测量与变迁／张虎平著．——
北京：人民日报出版社，2022.9
　ISBN 978-7-5115-7446-6

　Ⅰ.①中…　Ⅱ.①张…　Ⅲ.①居民—社会福利—研究
—中国　Ⅳ.①D632.1

中国版本图书馆 CIP 数据核字（2022）第 159936 号

书　　名：中国居民福利态度：测量与变迁
　　　　　ZHONGGUO JUMIN FULI TAIDU：CELIANG YU BIANQIAN
作　　者：张虎平

出 版 人：刘华新
责任编辑：曹　腾　高　亮

出版发行：人民日报出版社
社　　址：北京金台西路 2 号
邮政编码：100733
发行热线：（010）65369509　65369527　65369846　65369512
邮购热线：（010）65369530　65363527
编辑热线：（010）65369523
网　　址：www.peopledailypress.com
经　　销：新华书店
印　　刷：三河市华东印刷有限公司
法律顾问：北京科宇律师事务所　010-83622312

开　　本：710mm×1000mm　1/16
字　　数：182 千字
印　　张：12
版次印次：2024 年 8 月第 1 版　　2024 年 8 月第 1 次印刷

书　　号：ISBN 978-7-5115-7446-6
定　　价：85.00 元

序　言

岳经纶

　　社会福利是现代社会发展的重要内容，也是公共治理的重要议题。适度而周全的社会福利，对缩小贫富差距、维护社会稳定、促进经济发展具有积极作用。因此，现代政府必须具备福利和再分配功能。第二次世界大战后，发达国家大多形成了关于政府福利责任和福利功能的共识，进而推动了福利国家的发展。不过，福利国家的发展在 20 世纪 70 年代中期开始遭遇危机，战后福利共识瓦解，但由此也催生了福利国家和社会政策研究的新领域：福利态度调查和福利态度研究。

　　福利态度，简单地说，就是公众对政府福利政策和制度安排的看法和观点。公众以某种方式表达出来的对政府福利责任的支持或反对态度，就是公众福利态度。这种态度不仅影响到某个时期某一具体福利政策及其相关支出的合法性，而且影响到福利国家制度和体系的可持续发展。关于为何要进行福利态度的研究，瑞典学者斯特凡·斯瓦尔福斯（Stefan Svallfors）（Svallfors，2010）曾提出三个理由：第一，人们已经确立的观念、规范的期望、正义的概念等通常难以改变，即所谓"不易熔化的硬币"，因此，态度常常可以用来平衡突然的政策变化；第二，持续的福利态度分析可以把精英们的意见和策略与普罗大众的看法区分开来；第三，福利态度研究可以提醒我们：公共政策不仅要根据其分配效果或者经济效益来评估，而且要根据其对大众的规范效果（Normative Effects）来评估（Svallfors，2010）。所谓规范效果，指的是政策是倾向于鼓励利己主义、狭隘观念、社会排斥还是倾向于培育公民精神、宽容和关心他人。

福利态度是一个重要的研究议题，关乎公众社会政策偏好和福利需要的表达，塑造着社会政策的未来走向，是目前比较福利国家研究中解释福利制度分化与存续的重要变量。但公众是一个多角色的主体。在社会政策的视域里，公众可以是纳税人、缴费人、福利接收者、服务使用者、福利管理者，以及普通公民。不同角色会表现出不同的福利态度（Kangas，1997）。因此，公众福利态度也是多维的。经过多年的研究，福利态度这个概念已经被细分为多个维度，如目标维度、手段维度、结果维度、融资维度等，这些维度还被细分为更多的指标。同时，福利的外延、社会政策的内容也是多样的。公众对社会保险项目的态度可能与对社会救助项目的态度是不一样的。所以，观察福利态度需要多维视角。由于福利概念指向的多维性，福利态度的表达形式也是多样的。因此，所谓的福利态度，既可以是指公众对福利的总体态度（public attitudes to welfare），或者说是指关于福利的民意（public opinion towards welfare），也可以是指公众对福利国家的态度（welfare state attitudes），公众福利政策的态度（attitudes towards the welfare policies）。由于福利具有再分配功能，也有人（Svallfors，1997）把福利态度表述为对再分配的态度（attitude to redistribution）。考虑到福利制度具有不同的内容，因而福利态度也可以具体化为对某项社会政策的态度，如对社会保险制度的态度，对社会救助的态度。在中国，福利态度更多地表现为公众对社会保障制度的态度。不论如何称呼，福利态度关注的都是一般公众对自己所在国家或地区福利现状和福利发展的态度，特别是对政府承担福利责任的期望和看法。

福利态度研究的重点是研究公众福利态度的影响因素。自 20 世纪 70 年代以来，国际上关于福利态度及其影响因素的研究有了很大的进展，形成了比较系统的概念和范式。主流的福利态度影响因素分析主要有两种视角或者说模式，一种是个人利益视角（self-interest assumption）。这个视角的理论基础是公共选择理论，其基本观点是个人偏好受工具理性和个人得失的影响（Kangas，1997；Taylor-Gooby，1997）。根据个人利益模式，影响福利态度的主要因素是个人的社会经济地位。简单地说，就是个人所处的阶级或阶层。

而影响阶级或阶层地位的因素则涉及收入、教育、职业身份，以及比较主观的自我阶层认同。此外，性别、年龄、婚姻状况等因素也会影响到个人福利态度。从认知角度看，个人利益模式的一个基本假设是个人社会经济地位与福利态度之间有着直接联系。

福利态度研究的另一个主流视角，是意识形态或者说社会价值视角（ideology or social value thesis）。在意识形态视角下，个人的社会经济地位与福利态度之间没有直接联系，它们之间关系的建立需要通过价值观或者意识形态这个中介。经验研究表明，公众的福利态度与社会整体的意识形态倾向有关，而不只是取决于自己的物质利益。如果一个社会整体的意识形态强调公平和社会权利，个人也可能会基于社会的价值取向和规范要求而改变自己对福利的态度。可以显示意识形态对福利态度影响的一个重要方面，就是人们对贫困原因的看法往往影响人们的福利态度。

从国际上看，关于福利态度的研究大致始于 20 世纪 70 年代，与福利国际危机发生的时间基本一致。截至目前，国际福利态度的研究大致可以分为四个时期：第一阶段为福利态度议题的兴起，主要是为了回应西方国家经济危机困局下福利支出的合法性问题。该阶段福利态度的研究特点是被动式的"应战"，多以描述居民主观上对福利国家的支持态度来捍卫福利国家的合法性，研究文献相对有限，理论建构也尚未出现。这一时期的代表人物是科格林（Richard Coughlin）与泰勒－顾柏（Peter Taylor-Gooby），特别是泰勒－顾柏对推动福利态度的理论研究产生了较大的影响力（Taylor-Gooby，1983），推动发达国家进行福利态度调查（岳经纶，2018），同时也启发了从国家制度角度分析福利差异原因的理论研究。

20 世纪 90 年代初，福利态度研究进入了第二阶段，主要围绕埃斯平－安德森（Gosta Esping-Andersen）开创的福利体制理论，讨论福利体制与福利态度的关系。这一时期的研究具有鲜明的比较视角，并开始注意到福利态度的测量研究。不过，由于尚缺乏专门的调查数据，此时的福利态度的研究具有明显的"依附性"，依附于其他理论基础、依附于其他大型的公民态度调查。这一时期的代表人物有斯瓦尔福斯（Svallfors，1997）。

进入 21 世纪以来，福利态度研究迎来了高潮，有两个标志性的事件：一是拉森（Larsen，2006）在其专著《福利态度的制度逻辑：福利体制如何影响公共支持》中开始明确使用"福利态度"这一概念；二是斯瓦尔福斯在其主导 2008 年欧洲社会调查（European Social Survey，ESS）轮换模块（rotating module）时，首次以"变化欧洲中的福利态度"为主题进行大规模的社会调查。由此，福利态度的研究进入了新纪元，开始拥有了鲜明的福利态度研究视阈和独立的调查数据。这是福利态度研究的第三个阶段。

福利态度研究的第四阶段，我认为是由新技术革命、人工智能的发展以及全球新冠疫情带来的深刻影响所驱动的。在这一时期，福利态度开始摆脱传统的论证福利国家合法性的底色，明显开始与其他当前重要社会议题进行融合，如：移民和福利态度问题（Alesina et al.，2021）、新冠疫情后的福利态度（de Vries et al.，2023）、灵活职业风险与福利态度（Helgøy，2024）等。这表明福利态度已经成为一个成熟的议题，且被作为"因变量"而被广泛接受，从某种意义上来讲，这才是福利态度研究时代的真正到来。

相较于国际福利态度研究的日趋成熟，我国福利态度研究总体来讲还处在起步阶段。进入 21 世纪以来，随着党和政府对社会建设的高度重视，我国出现了社会政策的快速扩张，由此也带来了学术界对福利态度研究的关注。中国是发展中的社会主义大国，正在致力于不断满足人民美好生活的需要。社会政策作为一种重要的国家和社会治理手段，其在中国式现代化进程中有着重要的作用。因此，开展福利态度研究具有多方面的重要意义。首先，通过福利态度调查了解人民的美好生活需要，为制定社会政策提供指引，提升政府社会政策的回应性；其次，可以了解人民群众对政府福利政策和福利支出的期望，提升政府社会政策的认受性；再次，可以为福利态度的国际研究提供中国样本，同时推进福利态度研究的本土化。

目前的福利态度研究基本上都是以西方社会为研究对象的。可喜的是，近年来以我国为背景的福利态度研究开始崭露头角，如我国区域福利态度的调查研究（岳经纶和张虎平，2018）、我国公众福利态度的理论研究（臧其胜，2021）、基于年龄视角考察的我国居民整体福利态度（吴玉玲，2022）、我国城镇居民的福利态度（张虎平，2023），以及区域不平等与我国居民的福利态度（杨琨和彭华民，2023）、市场转型变迁中的我国居民福利态度（张虎平和岳经纶，2024）。对比国际福利态度研究的历程，我国福利态度研究滞后性的一个主要原因在于缺乏有效的数据支撑。

为更好地推动福利态度在中国的研究，本人领导的中山大学"人民美好生活需要（福利态度）调查"研究团队从2016年开始，围绕人民美好生活需要这一主题，推动开展建立"中国福利态度数据库"的行动，并持续开展了七期调查。该调查借鉴欧洲国家（如国际社会科学项目（ISSP）和欧洲社会调查（ESS））和香港福利态度调查问卷进行设计，对具体问题进行了本土化改良。以2023年的第七期调查为例。本次调查地点包括了福建省、海南省、广东省、黑龙江省、湖南省、新疆维吾尔自治区和云南省七个省份的53个地级市，调查问卷分为八大板块，内容涵盖公众对于贫困问题（困难群体）、社会团结、社会风险、社会照顾、社会态度、乡村振兴战略、延迟退休、工作生活平衡等与公众紧密相关的一系列民生议题。

目前，该项调查已经形成具有代表性的中国公众福利态度调查数据库。基于数据库，陆续发表十余篇中英文学术论文，以及《人民美好生活需要与社会政策创新（2021、2022、2023）》系列报告，同时通过媒体对年度公众福利态度调查的结果进行报道，形成了一定的影响力。我们希望能持续推动该项调查及研究工作，为满足人民美好生活需要尽一份力。

张虎平博士的新著可以说是中山大学福利态度研究团队的最新成果。张虎平曾是我的博士研究生，他在博士论文的基础上形成了这本专著，可喜可贺。这本专著虽然不是基于中山大学福利态度数据库的成果，但延续和拓展了中山大学的福利态度研究主题。该书重点讨论了我国居民福利态度的测量体系、影响因素及其变化机制。本书从福利期望、福利递送和福利结果三个维度构建了测量我国居民福利态度的指标体系，据此深入分析了影响我国居民福利态度的主要因素。更难能可贵的是，本书考察了我国居民在市场转型过程中福利态度变迁的机制，对研究转型经济体的福利态度变化具有独特的的学术价值。

　　张虎平的研究发现，整体上我国居民对社会福利的需求较为强烈，但也呈现出一些特殊现象。例如，从理论上，随着老年群体劳动体能与技能的下降，对福利的渴望一般更为强烈。而在我国，随着居民年龄的增长，福利态度反而更为消极。我国居民代际间的福利态度这一特点与基于西方经验的结论完全不同，这应该与我国处于市场经济转型的巨变时期有关。本书的研究还发现，市场导向的转型是塑造我国居民福利态度变化的重要机制，特别是居民对市场化进程中分配不公平感的变化。本书分析了我国居民福利态度在不同影响因素下的差异及变化机制，不仅有助于弥补我国福利态度实证研究的不足，更有助于精准把握居民的现实需要，了解公众对当前社会政策供给的态度，为增强政府社会保障回应性治理提供了重要的切入点。同时，本书的实证分析也为国际福利态度研究提供了中国样本，有利于讲好社会发展的中国故事。

　　党的二十大报告提出，人民对美好生活的向往是中国式现代化建设的出发点和落脚点，要"紧紧抓住人民最关心最直接最现实的利益问题……着力解决好人民群众急难愁盼的问题"。福利态度研究为思考如何通过创新社会政策来满足人民美好生活需要、促进全体人民实现共同富裕、推进中国式现代化带来了重要启示。首先，要基于人民美好生活需要进行社会政策创新。社会政策的出发点就是人类需要，我们应该把不断满足个人需要的权利和决定这种满足如何得到实现的参与权结合起来，设计一套能够有效彰显人民需要且是可实现的政策与制度。其次，中国式现代化要求我们从国家治理现代化的角度来设计社会政策体系。治理现代化的本质就是政府治理与公共管理要更好地回应和满足人民的需要，国家治理的过程在很大程度上就是通过社会政策的制定和执行来满足人民需要的过程。最后，要从共同富裕的本质把握社会政策创新的方向。共同富裕是社会主义的本质特征，也是社会主义现代化区别于资本主义现代化的根本标志。中国式现代化下的社会政策创新的根本方向，就是致力于实现全体人民共同富裕、提高人民的获得感、幸福感、安全感，进而实现人的全面发展。

参考文献

Alesina, A., Harnoss, J., & Rapoport, H.（2021）. Immigration and the Future of the Welfare State in Europe. The ANNALS of the American Academy of Political and Social Science, 697（1）, 120-147.

de Vries, R., Geiger, B. B., Scullion, L., Summers, K., Edmiston, D., Ingold, J., ⋯ Young, D.（2023）. Welfare attitudes in a crisis: How COVID exceptionalism undermined greater solidarity. Journal of Social Policy, 1 - 20.

Glennerster, H.（2010）. The Sustainability of western welfare states, in Oxford Handbook of the Welfare State, Oxford: Oxford University Press, 689-702.

Helgøy, A.（2024）. Rethinking Part-Time Outsiders' Risks and Welfare Attitudes, Social Politics: International Studies in Gender, State & Society, 31,（2）, 347 - 375.

Kangas, O.（1997）. Self-interest and the Common Good: the Impact of Norms Context in Social Policy Opinions. Journal of Socio - Economics, 26: 475-94.

Larsen, C. A.（2006）. The Institutional Logic of Welfare Attitudes: How Welfare Regimes Influence Public Support. London: Routledge.

Svallfors, S.（1997）. Worlds of Welfare and Attitudes to Redistribution: A Comparison of Eight Western Nations. European Sociological Review, 13（3）: 283-304.

Svallfors, S.（2010）. Public Attitudes. In Castles, F., Leibfried, S., Lewis, J., Obinger, H. & Pierson, C. Eds. The Oxford Handbook of the Welfare State. Oxford: Oxford University Press.

Taylor-Gooby, P.（1983）. Legitimation Deficit, Public Opinion and the Welfare State. Sociology, 17（2）: 165-82.

Taylor-Gooby, P.（1999）. Market and Motives. Journal of Social Policy, 28, 97-114.

吴玉玲. 中国人福利态度变迁趋势研究（2001—2018）——基于年龄-时

期-世代模型的实证分析 [J] . 社会保障评论，2022，6 (04)：147-159.

杨琨，彭华民 . 地区收入不平等与中国居民再分配福利态度——基于 CGSS 2015 的分析 [J] . 社会工作，2023，(03)：1-12+99-100.

岳经纶 . 福利态度：福利国家政治可持续性的重要因素 [J] . 公共行政评论，2018，11 (03)：50-54.

岳经纶，张虎平 . 收入不平等感知、预期与幸福感——基于 2017 年广东省福利态度调查数据的实证研究 [J] . 公共行政评论，2018，11 (03)：100-119+211-212.

臧其胜 . 《迈向福利共同体：中国公众福利态度研究》，北京：中国社会科学出版社，2021.

张虎平 . 我国城镇居民的福利态度变迁：基于社会分层视角的分析 [J] . 中国公共政策评论，2023，24 (02)：65-85.

张虎平，岳经纶 . 市场转型、分配不公平感与福利态度 [J] . 南京社会科学，2024，(05)：59-70.

目 录
CONTENTS

第一章

中国式福利社会的进程

第一节　福利与福利国家

首先，我们需要明确"福利态度"一词中所指的"福利"。"福利"（welfare）一词与安宁、幸福、安康（wellness）诸义相连（钟剑华和祁雯，2009），在韦氏大辞典中将其解释为：一种顺心（good fortune）、幸福（happiness）、安康（well-being）或者繁荣（prosperity）的生活状态①。简而言之，福利就是指一种幸福的生活状态。这种状态指向的是个体需要的满足，个体需要的满足无外乎两种形式，一是个体主动的满足，即个体通过直接的劳动付出实现自我满足的价值；二是个体被动的满足，即不是通过个人自我劳动付出得到的满足，一般是指外在的援助形式获得需要的满足。

本研究无意于从个体实现自身福利需要满足的能动性权利视角，也即是个体需要满足的第一种形式考察福利，因为囿于这种形式的"态度"，要么是骄傲自大，要么自怨自艾，无关其他。此处要讨论的福利语义指向的是以"他助（aid）"方式间接地获得的满足后个体的态度，这种形式通常是以物

---

① 福利一词在韦氏大词典中的释义为 the state of doing well especially in respect to good fortune，happiness，well-being，or prosperity。福利（welfare）是 doing well，福祉（wellbeing）是 being well.

质满足为基础的①。既然是某些群体可以"免费的"形式获取物质帮助，实现自我满足，总是要有组织负担这部分责任，并且是稳定的提供。这就对政府或者说国家提出了福利供给的要求，因为每一个生命个体都有最基本的生命权利，继而也就有了在特定条件下维持其获取特定资源或服务的权利，马歇尔称之为"社会及经济权利"（social and economic rights），即每一个社会中的个体都有权利参与社会经济活动，也有权分享社会经济的成果，得到最基本的社会福利及社会保障（郭忠华和刘训练，2007）。马歇尔的论述倾向于国家干预的福利提供模式，成为推动福利国家发展的重要理论基础。

稳定的福利供给来源必须是国家的责任，如诺曼·巴里所言："福利概念不可避免地与国家福利哲学捆在一起……促进幸福的责任几乎完全寄于国家"（Barry，2005）。什么是福利国家？这是一个十分难以回答的问题，就连理查德·蒂特马斯（Richard Titmuss）在《福利国家评论》中也回避了这个问题，如同他后来所言："今天我已不再像20年前那样迷恋福利国家这个不确定的、抽象的概念了……那个时候福利国家这个词不单在国内，甚至在世界范围内都是非常流行的。"② 虽然，福利国家在概念上是难以界定的，并且其存在的正当性也一直被质疑，但无法阻挡它在实践中被广泛认可。

埃斯平-安德森（Gosta Esping-Andersen）曾将福利国家定义为，"承担保障其公民享有某些基本福利的责任"（埃斯平-安德森，2009），这并引发了我们对福利态度的关注。在他看来，福利国家指向的是一种国家与公民关系的形态。首先，国家是福利的主要提供者，国家通过其行政组织——政府，为有需要的公民提供福利；其次，公民在面临福利需要时，有权利和资格要求国家对其承担责任；最后，"某些基本福利"成为本定义最奇妙的地方，不同国家在关于"基本福利"涵盖的内容上有显著差异，因为，福利的实质是国家的再分配，不同国家财政汲取能力决定了福利责任的大小，"基本福利"范围越大、程度越深，国家的责任就越重；"基本福利"范围越小，国家的社

---

① 同上，韦氏大词典的释义为 aid in the form of money or necessities for those in need。

② （英）尼古拉斯·巴尔著，郑秉文、穆怀中等译．《福利国家经济学》，北京：中国劳动社会保障出版社，2003，第6页。

会支出相应越小，国家的再分配调节力度也相对较弱。

"基本福利"的范畴成为福利国家最关键的要素，而决定"基本福利"范畴的是公民的态度，即在一个社会中公众对福利政策的支持程度以及对国家提供福利的认同感决定了一个国家的福利发展程度，也就是说公民的福利态度决定了福利国家的走向与发展。

第二节　中国语境下的社会福利及其发展

社会福利在国际上是一个更为宽泛的概念，指向帮助、改善弱势群体生活状态的一切活动，更类似一种公正社会的理念，既可以指人类生活中的幸福状态，亦可以指社会福利制度（尚晓媛，2001）。但在我国，社会福利一词在官方话语体系中是比较少见的，更多使用社会保障一词来统指涉及社会保护的一切社会福利政策。作为中国社会福利体制的统称，中国的社会保障概念比西方理解的"社会保障"外延更大，是以社会保险、社会救助、社会福利为基础，以基本养老、基本医疗、最低生活保障制度为重点，以慈善事业、商业保险为补充的社会保障体系，其中，社会福利只是我国社会保障体系的组成部分之一。如在十九大报告中，"社会福利"就是与社会救助、慈善事业、优抚安置等制度并列出现的概念。《中华人民共和国宪法》规定，国家建立健全同经济发展水平相适应的社会保障制度。公民在年老、疾病或者丧失劳动能力的情况下，有从国家和社会获得物质帮助的权利。国家发展为公民享受这些权利所需要的社会保险、社会救济和医疗卫生事业。依据宪法规定，围绕"全覆盖、保基本、多层次、可持续"的社会保障体系建设目标，我国以社会保险为主体，包括社会救助、社会福利、社会优抚等制度在内，基本建成功能完备的、世界上规模最大的社会保障体系（习近平，2023）。所以，社会保险、社会福利、社会救助和优抚安置四大项目是我国社会保障体制的重要组成部分（尚晓援，2001）。而社会福利被视为社会保障制度的一个组成部分（唐钧，1995），特指部分狭义的社会福利服务。

自 1978 年改革开放以来，我国社会开始进入一个剧烈的社会转型发展时期，政府的中心工作逐渐转移到经济发展上来，社会自由流动范围逐步扩大，农村人民公社的集体组织与城市的单位制也逐步瓦解，旧有的社会福利体制难以维持，政府开始从大包大揽向完全自由转向，有意识地从许多基本公共服务领域中退出，农村与城市的福利供给体系发生了翻天覆地的变化。本研究将我国的福利发展简要分为以下四个阶段：1978-1985 年，以农村经济体制改革为主的农村福利体制碎片化时期；1986-2002 年，以国有企业改革为主的城市福利体制剧变时期；2003-2012 年，新世纪的福利制度重建时期；2012 年以来，新时代以来的福利制度整合时期（岳经纶和程璆，2020）。

一、1978 年—1985 年：农村福利制度碎片化时期

在农村，1978 年后家庭联产承包责任制虽然强化了农村居民的土地保障能力，但对于居民来说重要的医疗保障制度——农村合作医疗制度迅速衰落，朱玲（2000）基于凤阳县卫生局保存的工作报告中呈现的数据发现，"1974 年底，全县实现合作医疗的大队比率为 88%；1977 年 11 月的汇报显示，去年实行合作医疗的大队占总数的 94.4%，1979 年底公布的有关统计则直线下降为仅剩 24.5% 的大队仍在实行合作医疗"。从全国层面来看，1976 年全国大约 90% 以上的生产大队实行了合作医疗制度（杨宜勇和吕学静，2005），到 1998 年合作医疗制度的人口覆盖率在高收入地区下降为 22.2%，在中等和经济欠发达地区甚至仅覆盖 1%-3%（卫生年鉴编委会，1999）。同时，这一时期开始以身份特征在农村建立最基本的"五保户"社会救助制度以及对"军烈属"等群体提供相应的保障制度，除此外，今后的很长一段时间内，农村居民的社会福利保障几乎是完全缺失的。

二、1986 年—2002 年：以国企改革为主的城市福利体制剧变

在以家庭联产承包责任制为重点的农村改革中，城市社会的社会保障制度仍维持国家—单位保障制度模式（苏祥，2015）。农村经济改革的成功经验，使得 1986 年后我国经济改革开始进入以国有企业改革为重心的时期，因此，1986 年是我国社会福利体制从国家—单位保障制向国家—社会保障制度变革的标志性年份（卫兴华，1994），此时的《国民经济和社会发展第七个五年计划》首次提出社会保障概念，社会保障社会化被正式纳入国家发展计划。同年，国务院颁布了《国营企业实行劳动合同制暂行规定》，对合同制工人养老实行社会统筹，打破"铁饭碗"制度。与此同时，国务院出台了《国营企业职工待业保险暂行规定》，对失业保险做出了制度性的框架规定（苏祥，2015）。

我国社会保障制度的改革与国有企业改革息息相关，引入市场竞争机制，必然会有"下岗""待业"问题，导致旧有的"国家—单位"体制中，国家统揽的社会福利制度丧失了组织与经济基础。由此，我国社会保障制度的改革开始配合国有企业改革建立以国家—社会保障制度为核心的社会福利体制，如：《国营企业职工养老保险制度改革的决定》（1991）、《国有企业富余职工安置规定》（1993）、《关于切实做好国有企业下岗职工基本生活保障和再就业工作的通知》（1998）、《关于进一步做好国有企业下岗职工基本生活保障和企业离退休人员养老金发放工作有关问题的通知》（1999）、《劳动和社会保障等部门关于做好提高三条保障线水平等有关工作的意见的通知》（1999）、《关于继续做好国有企业下岗职工基本生活保障和企业离退休人员养老金发放工作的通知》（2000）、《关于进一步做好下岗失业人员再就业工作的通知》（2002）等重要法规文件。该阶段社会保障制度改革的突出特点是政府开始强化社会保障中的个人责任，在"效率与贡献"中体现公平。因此，伴随经济体制改革配套的社会保障制度经历了剧烈的变迁，表现出渐进的方式：试点先行、单项推进、双轨并存等特点（郑功成，2008a）。

城市单位制的瓦解与农村居民的自由流动，加之国家福利保障的退出，我国社会福利由改革之前的城乡差异开始出现了新的多重碎片化趋势（郑秉文，2009），比如，原有的城乡之间的差异、公有制单位和私营单位之间、国家干部与流动工人之间、农民工群体等，不同群体之间的福利待遇千差万别。差别形成的重要原因是地方政府追逐经济绩效的结果所致，地方政府的竞争锦标赛以经济发展为核心目标，均不约而同的采取降低企业社会缴费招商引资、兴建有利于经济发展的基础设施而忽略社会保障相关的公共服务、抵制社会保障更高层次的社会保障制度统筹、以户籍区隔采取本地与流动人口的多重福利保障制度等等手段，目的是为了推动本区域的经济发展，这种社会现实也被部分研究者归纳为经济绩效的晋升锦标赛现象。

三、2003 年—2012 年：新世纪的福利制度重建期

大刀阔斧的经济体制改革昭示了社会主义市场经济体制的初步建成，我国经济建设也进入飞速发展期，但同时市场经济的弊端也开始显现，社会贫富差距逐渐加大，一些社会不公正现象凸显，特别是非典型肺炎（SARS）的爆发，揭露了我国社会福利保障的不足，特别是农村医疗保障体系已陷入全面崩溃的状态。为此，我国开始进入社会福利制度的重建时期，着力解决再分配过程中存在的不平等问题。

首先，为缩小城乡差距开始关注农村医疗保障。2002 年 10 月，《中共中央、国务院关于进一步加强农村卫生工作的决定》提出要"逐步建立以大病统筹为主的新型农村合作医疗制度"，"到 2010 年，新型农村合作医疗制度要基本覆盖农村居民"。其次，完善社会救助制度保障底线公平（景天魁，2013a），重点关注特困及最低生存线上的居民。在农村，2002 年《关于进一步加强农村卫生工作决定》针对农村贫困家庭实施医疗救助，2007 年实行农村最低生活保障制度；在城市，继 1997 年《国务院关于在全国建立城市居民最低生活保障制度的通知》颁布以来，2005 年开始建立城市医疗救助制度。再次，开始逐步扩大社会福利制度的覆盖面。如：颁布《农民工参加基本养老保险办法》（2009），关注农民工的养老保险问题；城镇职工基本医疗保险制度也逐渐开始覆盖全体从业人员，将灵活就业人员和农民工纳入到城镇职工基本医疗保险范畴，并在 2007 年实施了城镇居民基本医疗保险制度。

在此阶段，虽然保持经济稳定发展仍是国家工作重心的第一要务，但此阶段的政府开始重视社会福利制度对维护社会稳定与团结的作用，许多社会福利制度实现从无到有，从有到优的转变过程，由此也有学者高呼"我国进入社会政策时代"（王思斌，2004）。

四、2013 年—至今：新时代以来的福利制度整合期

2012 年以来，我国特色社会主义逐步迈入新时代，社会政策的发展也进入了制度整合时期。2014 年城镇居民养老保险与农村居民养老保险制度进行整合，建立起全国统一的城乡居民基本养老保险制度；2014 年国务院颁布的《社会救助暂行办法》通过建立特困人员供养制度，推动了城乡"三无"人员保障制度的统一（岳经纶和程璆，2020）；2016 年《国务院关于整合城乡居民基本医疗保险制度的意见》将城镇居民基本医疗保险和新型农村合作医疗两项制度进行整合，建立统一的城乡居民基本医疗保险制度。2017 年十九大报告提出"尽快实现养老保险全国统筹"的宏伟大计；由此，2018 年 7 月，养老保险基金中央调剂制度开始实施。2022 年，党的二十大报告更是进一步强调推进制度的整合，"完善基本养老保险全国统筹制度，发展多层次、多支柱养老保险体系。"我国社会福利体制开始逐步打破城乡、地区、制度等分割，走向一体化的社会福利制度保障实践。

综上，在中国当前语境下，"社会保障"大约等同于国际通行的"社会福利"。这种社会保障概念是具有中国特色的，但不太利于国际通常的福利研究概念的接轨，也不利于跨国社会福利发展的比较。因此，一些学者主张我国的社会福利话语体系要与国际通用的广义社会福利概念接轨，因为小社会福利概念很容易造成我国社会福利制度发展的障碍（彭华民，2012；尚晓援，2001）。

综合考虑国内外学者的讨论，为了与国外福利态度的研究相衔接、形成对话，本研究讨论的福利态度均以广义社会福利的内涵为基础，不再局限于我国官方话语体系中针对老人、儿童、残疾人等的狭义社会福利服务概念，而是参照西方关于福利态度的研究，覆盖、医疗、教育、住房等多个福利层面，整体考察我国居民福利态度的演变特征与影响机制。

第三节 建立中国特色的社会主义福利体制

"坚持以人民为中心的发展思想"首次出现于中国共产党十八届五中全会，并不断深化，习近平总书记在十九大报告中提出，"人民对美好生活的向往，就是我们的奋斗目标"，在二十大报告中更是明确指出，"江山就是人民，人民就是江山……为民造福是立党为公、执政为民的本质要求"。"目前，我国以社会保险为主体，包括社会救助、社会福利、社会优抚等制度在内，功能完备的社会保障体系基本建成……是世界上规模最大的社会保障体系。"但我国现代社会福利制度发展较晚，目前社会福利体系建设还较为薄弱，社会不平等、福利碎片化等问题仍比较突出，社会保障制度改革已进入系统集成、协同高效的阶段。

为了建立与我国经济发展水平相适应、并防止掉入"福利陷阱"的社会保障制度，我国学者们热烈讨论的是建立一种适度普惠型的社会福利。王思斌（2009）认为我国要建立"中等保障水平"的"中福利模式"的适度普惠型社会福利制度。景天魁和毕天云（2009）认为我国福利体制要逐渐从小福利迈向大福利，大福利包含四层含义：第一，大福利要以全体社会成员为对象；第二，大福利要以社会成员的基本福利需要为本，基本涵盖了现阶段以民生为本的所有的社会福利项目；第三，大福利要以多元主体共同提供福利支持；第四，大福利包括社会救助、社会保险、公共福利和社会互助等四种供给方式。大福利的概念是为了区别西方福利国家的概念意涵，更区别于"高福利"，是我国未来福利体系的发展方向代表性主张之一。毕天云进一步思考认为我国应建立普遍整合型社会福利体系，主要是强调社会福利权利的普遍性和制度的整合性。景天魁（2013）认为建立中国特色社会主义福利体系的关键是选择适合我国国情的社会福利模式，进而提出以解决包括温饱需求、基础教育需求、和公共卫生医疗保障的健康需求为基本的底线公平福利模式。彭华民认为（2011）我国要建立一个以适度普惠型为主、选择型为辅的组合式普惠型社会福利制度作为我国社会福利发展的未来方向，继而关于适度普惠型社会福利制度的讨论不断推进，如曹艳春（2013）《我国适度普惠型社会福利制度发展研究》，刘敏（2015）《适度普惠型社会福利制度：中国福利现代化的探索》。此外，关于我国社会福利制度发展的未来方向，也有学者认为应该是以普遍主义原则为核心的，毕竟选择性的福利政策不仅破坏社会团结更是带有羞辱性的调查来决定申请人是否有获取福利的资格（博·罗思坦，2017），因此要以普遍主义为原则实现公共福利从可供选择项到公民社会权利的转变（Pierson，2006），但我国还处于社会主义的初级阶段，由此郑功成（2008b）认为我国社会福利制度发展的战略目标是坚持普遍性原则，实现从"照顾弱者"到"普惠全民"的逐渐过渡。

虽然，在我国社会福利与社会政策的发展被认为是政府为了适应社会转型的被动反应（Davis，1989；Selden & You，1997），但自 2003 年[①]以来，随着经济发展水平的不断提升，我国开始实施积极的社会政策（民生工程），主动从民众的基本生活需要出发，着力构建一套比较完整的社会政策体系，不仅填补了之前存在的制度空缺，还着力推动覆盖面的扩大，尤其是将之前被社会保障制度排斥在外的农村居民和流动人口等群体纳入国家保护的范围（岳经纶和刘璐，2016），伴随着一系列涉及民生福利的社会政策，中国开始逐步扩大社会支出，在民生社会政策领域的支出不断扩大。虽然在国际学术研究与政府统计口径中反映社会政策发展的社会支出指标略有差异，但社会支出所指的概念基本一致，依照巴尔（Nicholas Barr）的界定，福利国家的支出范围应包括现金给付（例如养老金、失业给付和社会救助等等）和非现金给付（例如医疗保健、教育及住房）。但在社会支出具体涵盖指标上，不同的国际组织统计口径略有差异，目前公认的社会支出指标体系主要来自经济合作与发展组织（OECD）、亚洲开发银行（ADB）、欧盟（EU）、国际劳工组织（ILO）（岳经纶和方萍，2015），均包括：养老、就业、医疗、住房等政府支出。因此，虽然我国政府统计并没有社会支出这一概念，本文借鉴上述支出

[①] 许多学者把 2003 年称之为我国的"社会政策元年"主要是自此的社会政策不断出台，社会政策迎来了真正意义上的发展（王思斌，2004）。

指标遴选社会支出中最重要的养老、医疗、失业、住房与教育指标来说明我国社会政策支出的趋势与变化，如表1-1所示：我国一般公共预算支出在2010—2018的九年间增长了2.46倍，发展型的社会政策支出——教育一直占最重要的地位，但近年来相比于其他福利支出略有下降；随着我国养老问题的加剧，社会保障和就业的一般公共预算支出占一般公共预算支出的比例逐年上升，2018年占比为12.23%；同时，医疗卫生与计划生育的公共预算支出也是逐年增加，主要的教育、养老、医疗、住房等福利支出总体占一般公共预算支出的比例稳步上升，2018年达到36.94%。与此同时，自2013年以来精准扶贫政策的实施，在农村实施以社会保障为主要内容的农村反贫困战略，农村地区开始形成以社会救助、社会保险和社会福利等多种政策工具为核心的"社会政策高地"。

表1-1　2010—2018年中国主要社会支出占一般公共预算支出的变化

指标 单位	农村贫困人口数 万人	农村贫困率 %	一般公共预算支出 亿元	教育 亿元	占比 %	社会保障就业 亿元	占比 %	医疗卫生与计划生育 亿元	占比 %	住房保障 亿元	占比 %	合计 %
2010	16567	17.2	89874.16	12550.02	13.96	9130.62	10.16	4804.18	5.35	2376.88	2.64	32.11
2011	12238	12.7	109247.79	16497.33	15.10	11109.40	10.17	6429.51	5.89	3820.69	3.50	34.65
2012	9899	10.2	125952.97	21242.10	16.87	12585.52	9.99	7245.11	5.75	4479.62	3.56	36.17
2013	8249	8.5	140212.10	22001.76	15.69	14490.54	10.33	8279.90	5.91	4480.55	3.20	35.13
2014	7017	7.2	151785.56	23041.71	15.18	15968.85	10.52	10176.81	6.70	5043.72	3.32	35.73
2015	5575	5.7	175877.77	26271.88	14.94	19018.69	10.81	11953.18	6.80	5797.02	3.30	35.84
2016	4335	4.5	187755.21	28072.78	14.95	21591.45	11.50	13158.77	7.01	6776.21	3.61	37.07
2017	3046	3.1	203085.49	30153.18	14.85	24611.68	12.12	14450.63	7.12	6552.49	3.23	37.31
2018	1660	1.7	220904.13	32169.47	14.56	27012.09	12.23	15623.55	7.07	6806.37	3.08	36.94

注：1. 数据来源于2010—2018年中国统计年鉴；2. 教育、社会保障与就业、医疗卫生与计划生育、住房保障均指一般统计年鉴中按照功能分类的一般公共预算支出。

除了客观指标反映的我国社会支出的不断扩张外，很多学者也从党执政理念（Yang，2004）与发展阶段目标设定（王绍光，2013）认为执政者在"发出建设福利国家的积极信号"（岳经纶和刘璐，2016），由此很多社会政策研究者认为我国目前是属于一种初级水平的福利国家（王绍光，2013），是具有典型的中国特色的社会福利体系（景天魁，2013b）或称之为"中国式福利社会（林闽钢，2010）""中国特色福利社会（刘继同，2009）""中国特色社会主义福利社会（郑功成，2008b）"或"社会主义福利社会（岳经纶，2008）"，简言之，我国已经走向了福利不断扩张的时期。

但在我国的社会背景下，福利社会发展呈现出一些独有的特点：第一，政治制度的本质决定了福利制度的供给。一些西方学者把社会主义国家的社会福利视为一种政府和公众之间的社会契约（Adam，1991；Croll，1999），这种从功利主义视角出发的论断显然忽略了社会主义的本质，社会主义的最终目标是实现共同富裕，社会主义国家在增进社会福利的动力上是一种内在的驱动。中国共产党领导下的中国特色社会主义制度本质上要求共同富裕，由此，我国的福利供给是一种国家目标，是基于"共同富裕"原则的福利供应，因此我国福利社会的发展呈现明显的目标阶段性，党依据不同发展阶段中社会面临的主要问题进行"适应性"治理，目前正处于从碎片化到整合性、从低水平兜底到中高水平保障的过渡时期。但从长远来看，共同富裕是以人民中心的执政理念务必践行的承诺，这与当前资本主义的福利供应呈现明显的区别，西方福利供给已然成为一种"贿赂"选民的手段，无论左翼还是右翼政党福利政策都只是为了赢取更多的支持，事后也只是对现行福利政策的修补甚至缩减。第二，我国独特的福利文化。任何社会的福利供给都产生于特定的历史和文化背景，不同的文化背景塑造的公众价值观影响人们对责任义务和福利资格权利的看法，香港学者黄黎若莲（Wong，1998）指出，与西方福利体制相比，我国的福利文化存在三大基本特征。首先，我国社会更强调集体主义精神；其次，在家庭和社会的分工上，家庭和宗族是中国社会的核心，承担了绝大部分社会照料功能且在道义上是神圣的职责；最后，在个人和国家关系上，并不是西方意义上的契约关系，我国长期以来的文化思想是政府提供救济，这与西方意义上的契约国家关系下政府要对公共福利积极回应的福利权利观念有着巨大差异。第三，发展型福利理论的主导。我国在非资本主义经济的发展环境中致力于提供全面的福利保障，这对于当前的福利体制比较分析理论提出了挑战（Hill，2006；Kennett，2013），传统规范性的社会福利政策模式主要区分为制度型（institutional）和剩余型（residual）（Wilensky & Lebeaux，1965），这难以解释发展中国家在经济发展与社会福利两个维度的整合，由此发展型福利模式（MacPherson & Midgley，1987）的提出迅速成为解释东亚包括我国现行福利发展的理论基础，我国社会福利建设在主流学界反对走向福利国家之路的夹缝中寻求具有自身典型特色的社会福利建设模式，同时伴随着我国社会主义市场经济的逐步完善与成功，是需要相应的福利体制与其相适应的（黄晨熹，2016），目前已经基本形成了一个以民生概念为导向的社会福利发展阶段。

第二章

福利态度：福利制度变迁的驱动

第一节　什么是福利态度

态度是社会心理学研究的永恒话题。经典的心理学研究将态度定义为支持或反对心理对象的一种情感（Thurstone，1931），也即是对对象作出的一种概括性评价。在社会政策研究中，态度是指对特定的社会政策支持或不支持的一种倾向（Sundberg，2014）。

简言之，福利态度就是对福利政策做出的支持或不支持的评价。但是在西方文献中，福利态度的表述是多样的：福利态度（Welfare Attitude）、福利国家态度（Welfare State Attitude/Attitudes towards Welfare State）、福利国家的公众支持（Popular Support for Welfare State）对福利政策的态度（Attitude towards Welfare/Social Policies）以及福利国家认同（Public Consent to Welfare State），等等。由于福利的提供对象一般为国家/政府，并且福利的递送涉及多层级，由此在具体的福利态度研究中，不同学者出于各自研究目的，在福利态度的定义上呈现不同的差异。如，王家英（Timothy Ka-ying Wong）等人认为福利态度是指人们如何看待政府在社会服务与社会保障供给上的政策（Wong et al.，2008），强调政府在实现社会公平的福利政策中的干预方式。斯瓦尔福斯（Svallfors，2010）认为福利态度就是公众对政府福利政策以及对资源和生活机会分配和再分配的态度，斯瓦尔福斯更多地从公民对资源再分配与生活机会的权衡角度定义福利态度。在中国，福利态度则更多表现为公众对社会保障制度或者社会政策的态度（岳经纶，2018）。从整体来看，虽然不同学者对福利态度的定义表述略有差异，但就其内涵基本有一定共识，指向的是在经济与政治资源的约束下，公众就政府掌握的福利资源如何进行再分配的态度。因此，福利态度在一个抽象的水平上，可以概括为对"再分配"或"政府干预"的态度（Kulin，2011）。

综上，福利态度在我国指的是公众对政府施行的社会保障制度或政策表示的支持或不支持的倾向。在此意义上，福利态度不仅仅应该是动态的，也更应该是多维度的。

在西方国家福利态度的研究进程中，福利态度长期被视为单一维度的总体性概念，如：对政府福利支出的水平或对教育、医疗、养老等单一社会保障政策的覆盖程度的态度，对福利滥用的感知，或者对政府福利政策效率的评价等等多种与福利主题相关的某一侧面，虽然这些研究促进了福利态度的研究进程，但是单一的指标不仅是片面的，也限制了福利态度研究的发展。正如斯瓦尔福斯（Svallfors，1991）所指出的，福利国家政治支持研究的一个主要缺陷就是多采用个别总体性的指标去测量公民态度。虽然这种全景式的概要是必要的，但有可能造成对结果的曲解。因为福利国家是十分复杂的，个体的感知也可能受福利国家福利政策过程环节的影响而产生十分不同的看法。早期的福利国家态度研究受制于数据的可得性，呈现出数据驱动（data-driven）（Roosma et al.，2013）特征，即数据库有什么问题就提炼出什么样的指标（臧其胜，2016）。

随着研究的推进，福利态度的研究开始出现多维的趋向。肯奈恩（Cnaan，1989）认为关于福利国家多维度分析的研究少的令人惊讶，他从福利国家的公共支出水平、受益者数量和服务品质三个维度，考察了公众对福利国家的态度，具体分为七个测量指标，分别为：宗教、教育、健康、住房、就业、收入和个人社会服务，开启了福利国家多维度研究的先河。自此后，福利态度研究开始走向多维度分析。斯瓦尔福斯从福利国家的组织角度，将福利政策划分为四个方面，分别为：分配维度（福利政策的分配结果）、行政维度（福利制度运行的制度和程序）、成本维度（福利政策的财政可持续性）、滥用维度（是否产生福利依赖）。然而，斯瓦尔福斯的研究在使用旋转因子时强制界定了不同维度间的指标是相互独立的，其结果仅仅呈现出预先定义好的福利态度维度，研究所得的结论仍需商榷（van Oorschot & Mueleman，2012）。

西赫沃和乌西塔洛（Sihvo & Uusitalo，1995）将公众对福利国家的政治态度分为福利责任的提供者维度（国家、市场或个人）、福利国家的使用情况维度（是否有滥用）、输出过程维度（收入与服务的满足程度）、福利国家的效果维度（不平等降低的程度、是否有福利依赖现象）。然而，由于该研究没有进行综合维度的分析，无法得知整体福利态度体系的概貌。

综合以上福利态度多维度研究取向，迄今为止福利国家态度多维度研究最知名的莫过于诺勒（Roller，1995）构建的多维度分析框架，是当前学术引用最多的关于福利国家态度多维度分析指标体系，他根据政策过程全面系统地将公众对福利国家的态度分为三个维度：政策目标、政策方式（输入）和政策结果（输出），是十分经典的分析框架。其中，政策目标指政府是否有责任以及有多大的责任实现社会经济保障与社会公平，反映了公众偏好的广度和深度。政策方式指实现政策目标的工具，分为长期、稳定的制度如养老保险、医疗保险等核心的福利制度和短期项目如劳动力市场政策。政策结果分为有意识的结果如缩小收入差距、消除贫困等和无意识的结果如福利依赖现象（如图2-1）（Roller，1995）。

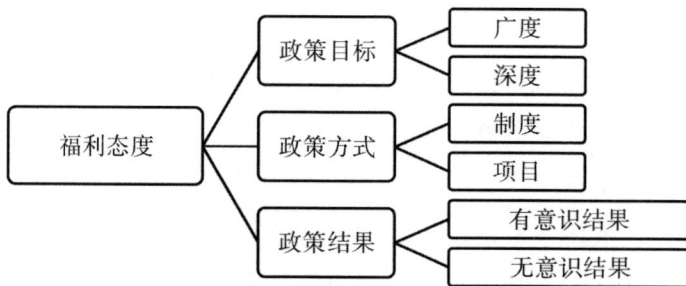

图2-1　诺勒的福利态度多维分析框架

福利态度的研究不仅应该是多维度的，也应该是动态变化的。基于该框架，福利态度研究不仅完成了从一维到多维的转变，同时也迈向了从静态到动态的转变。很多的福利态度指标体系研究通常将福利国家视为不同要素的静态组合，而诺勒的框架聚焦于政策全过程，采用一个动态的视角定义公众对福利国家的态度。遵循动态视角，安德瑞贝塔（Andreß，2001）在上述三个维度上加入了第四个融资维度，认为将民众对福利融资的支付意愿纳入指标同样十分重要。范·奥斯舒特和麦乐曼（van Oorschot & Mueleman，2012）认为很少有研究者能够清晰地阐明福利态度的维度，与其致力于穷尽福利态度的所有维度，倒不如将福利国家定义为一种动态的制度，即国家基于强制力量承担特定范围和程度的社会福利供给，通过某些特定的政策，对社会产生的所有效果及影响。在此基础上，范·奥斯舒特及其合作者将福利态度结构分成六个维度：对福利国家原则的支持；政府责任的偏好宽度（广度）；政府开支的偏好深度（强度）；福利政策的执行评估；福利国家结果的评估；福利国家可感知的后果等（臧其胜，2014），这是在诺勒的基础上将福利政策发展过程描述得更加细节化、具体化。此时，福利态度不再聚焦于福利国家的静态指标，而是整个福利政策的执行过程，其研究从对福利态度某环节的碎片化取景发展到对福利态度生成过程的全景式扫描。但范·奥斯舒特和麦乐曼所利用的数据只是2006年荷兰全国福利调查的数据，因而其结论的普适性尚需验证。

上述研究都是将福利态度指向的对象——福利国家或福利政策的维度与福利态度的维度混在一起，也即是，"国家"与"政策"似乎是不加区分的。为此，我们首先回顾下布里格斯（Briggs，1961）关于福利国家的经典定义："福利国家"是一个有组织的力量被努力谨慎地用于（通过政治与行政）调节市场的力量，至少表现为三个方面：第一，保证个人与家庭的最低收入而不考虑他们工作或财产的市场价值；第二，通过增强个体与家庭应对特定的"社会偶然事件"（如疾病、年老或失业）的能力，否则他们有可能导致个体与家庭危机；第三，确保全体公民不因地位或阶层差异而获得与某种达成共识的范围相关的最好标准的社会服务。第一个与第二个目标使得福利国家常常被称为"社会服务国家"，而第三个目标则用"适宜的"超越了"最小的"国家的旧想法，关心的不仅是阶级差异的消减或计划群体的需要，而且关心公平对待与作为享有平等投票权公民的抱负。这一定义强调了国家在社会福利方面的责任、坚持的原则、干预的手段与服务的供给。借鉴这一概念，福利态度研究的另一个经典多维度分析来自鲁斯马（Roosma et al., 2013）等人的研究，他们将福利国家的维度（后续括号内皆为多维体系的子维度）区分为：福利混合（国家、市场、市民社会与家庭）、福利国家目标（社会保障、平等与社会包容）、广度（社会保障、社会服务与积极的劳动力市场政策）、深度（社会保障、社会服务与积极的劳动力市场政策）、再分配设计（谁支付/谁获益？为什么？多少？什么条件？）、执行过程（效率与效果）与产出（有意识与无意识）。这个框架是在追踪社会政策的形成与发展历程：从政策目标的形成，经过政策的执行，最后实现政策的产出。该指标体系认为福利态度的维度应该区分为一维与多维，一维的视角提供的是关于支持或反对福利国家的总体态度，多维的视角则可以区分人们对福利国家态度的差异性在哪里。

第二节　福利态度的研究历程

福利态度广泛而系统的研究从 20 世纪 70 年代末兴起，是为了应对西方福利国家合法性危机进行理论解释而逐渐兴起的新领域，大致可以分为以下三个阶段。

第一阶段起始于 20 世纪 70 年代末，福利态度的研究议题开始兴起。此时关于福利态度的研究主要是为了回应西方国家的经济危机困局下福利支出的合法性问题，是为了应对社会现实问题而产生的。此阶段福利态度的研究主要是围绕整理、分析和比较福利态度的调查结果，资料极为有限，更多的是对居民态度的描述性分析，研究结论也具有内在的脆弱性，理论建构尚未出现。代表人物是科格林（Richard Coughlin）与泰勒-顾柏（Peter Taylor-

Gooby），科格林利用八个国家的调查资料进行对比分析（Coughlin，1979、1980），分析居民意识形态（Ideology）对公共态度的影响；泰勒-顾柏基于英国的调查数据开始尝试从理论层面分析公众态度（Public Opinion）、意识形态（Ideology）对福利国家建设的影响，就此议题，形成了一系列的关于福利态度的研究，对推动福利态度的理论研究产生了较大的影响力（Taylor-Gooby，1983）。他们的研究成果推动很多发达国家进行福利态度调查（岳经纶，2018），同时也启发了从国家制度角度分析福利差异原因的理论研究。

第二阶段是以埃斯平-安德森1990年出版《福利资本主义三个世界》建立的福利体制理论为标志，福利态度研究进入了一个全新的阶段。此阶段福利态度调查广泛开展，福利态度研究有了可靠的数据来源，借助福利体制的比较分析范式，围绕福利体制的差异，比较视野下福利体制与福利态度关系的研究使得福利态度的理论研究有了可能。这一时期的福利态度研究具有鲜明的比较视角，代表人物有斯瓦尔福斯，开始逐步构建福利态度的测量指标与内容体系（Svallfors，1995；Svallfors，1997）。并主要呈现以下两个特点：第一，福利态度研究开始有了福利体制解释的理论视角；第二，大规模的公民态度调查数据数据库开始逐步建立起来，跨国别的量化研究陆续出现。但此时，福利态度的研究具有明显的"依附性"，依附于其他福利理论视角，依附于其他大型的公民态度调查。

第三个阶段是进入21世纪以来，基于第二阶段兴起的福利体制理论，迎来了福利态度研究的高潮。有两个标志性的事件：一是拉森（Larsen）在其专著《福利态度的制度逻辑：福利体制如何影响公共支持》中开始明确使用"福利态度"这一概念；二是，2007年来自瑞典的于默奥大学（Umeå University）的德国学者斯瓦尔福斯在其主导的2008年欧洲社会调查（European Social Survey，ESS）轮换模块（rotating module）时，以"变化欧洲中的福利态度"为主题调查欧洲居民对福利政策的态度、看法与评价。由此，福利态度的研究进入了新纪元，开始拥有了独立的福利态度调查数据，这为福利态度的纵贯研究与跨国、跨文化比较研究提供了保证，一系列明确以福利态度为研究对象的成果开始大量涌现，如：《福利国家态度的多维度分析：一个欧洲的跨国研究》（Roosma et al.，2013）；也逐渐开始针对福利态度本身进行了理论审视，如：《社会政策态度比较研究的系统评价》（Sundberg & Taylor-Gooby，2013）。除了针对已有理论的修补与挑战，这个阶段在福利态度研究上的明显特点是福利态度研究开始逐步与其他研究议题交叉融合。

福利态度研究的蓬勃发展究其原因主要有两点：一是跨国的公民态度纵观调查数据开始丰富起来，如：国际社会科学项目（International Social Science Program，简称 ISSP）、世界价值观调查（world values survey，简称：WVS）、欧洲社会调查（European Social Survey，ESS）、欧洲晴雨表（Eurobarometer Surveys），为一系列福利态度的纵观研究提供了丰富的数据来源，几乎所有福利态度的定量研究都是基于结构化的抽样调查数据，并且绝大多数数据来自以上四项大规模社会调查（Svallfors，2010；Taylor-Gooby et al.，2019）。二是福利态度的研究内容开始不断向外拓展，如：2008 年金融危机之后，福利国家建设与发展再次迎来争论，学者们也开始将福利态度作为因变量来探讨经济危机、宗教、移民、种族、社会阶层等各种因素对福利态度的影响（Alvarez-Sousa，2015；Blekesaune，2013；Kam and Nam，2008；Ng，2015）。虽然，福利态度的研究整体上还处于探索期，研究内容与研究范式还在不断地完善与拓展，但福利态度自身开始形成具体的研究议题、研究内容和研究方法。

目前，基于中国情景的福利态度研究还十分匮乏，是一个亟待挖掘的研究议题（沈冰清和林闽钢，2020）。目前，这方面为数不多的研究呈现两种趋势：第一，关于特定群体的福利态度，如弱势群体（万国威，2015）、老年群体（杨琨，2015）、区域福利态度的调查研究（岳经纶和张虎平，2018），或基于年龄视角考察中国的整体福利态度（吴玉玲，2022），以及我国城镇居民的福利态度（张虎平，2023）；第二，考察不同社会因素对福利态度的影响，如：社会公平与居民福利态度的关系（肖越，2021），区域不平等对福利态度的影响（杨琨和彭华民，2023），市场转型中的福利态度变化（张虎平和岳经纶，2024）以及在跨国比较框架下考察福利体制对我国居民福利态度的影响（沈冰清和林闽钢，2023）。

纵观简要的福利态度研究历程可以看出，福利态度研究从政治态度研究中逐步独立出来，从单一层面的、无意识的研究到全方位的、有意识的理论建构，从单一国家的社会调查到跨国别的对比研究，从依附别的调查数据到建立独立专门的福利态度调查数据，从简单的社会调查到理论完善与发展，逐渐描绘着福利态度研究的全景图式。然而，从现有的研究可以看出，目前关于福利态度的研究也存在一些不足之处。首先，福利态度的定义尚不能明确，主要是由于福利态度研究中"态度"的复杂性，受制于个体因素、情景、制度等各种因素，这为研究方向的清晰界定带来一定的局限。概念的模糊导致的另一个重要问题就是测量体系的不确定性，由此，福利态度的多维度指标构建是十分复杂的，具体哪些指标可以涵盖进福利态度，不同文化背景下，福利态度指标并不能用统一的标准来概括。其次，不同的文化背景，个体的福利态度差异十分明显，目前的研究更多的偏向于从制度角度延展分析，往往忽略了不同文化背景因素的影响，比如：东亚文化虽然是集体文化，但对机会公平也十分看重。再次，目前关于福利态度的研究更多是基于已建成的福利国家，研究社会环境变迁后，居民福利态度的变化，还没有研究一个正在朝向福利国家建设中的国家，福利政策扩张下居民的态度，即缺少福利国家建设与居民福利态度同步进行的互动研究。除此外，目前的福利态度研究较多的运用跨国的调查数据对比研究，较少的研究能够意识到居民这一行动者自身主体的多元性及其能动性，即福利态度的变迁极有可能是受"小环境"的影响，而不是真正的福利国家大背景的影响，也即是未能在福利态度与社会福利运动的研究之间建立有效的因果链接。最后，在国内相关领域内尚无人使用福利态度概念深入系统的研究中国社会福利制度或政策的发展（臧其胜，2014），即国内关于福利态度的研究内容及研究范式亟待建立，以便适应福利扩张背景下对居民福利态度的把握。

随着福利态度研究议题重要性的凸显，福利态度的研究方法也相应被重视起来，研究方法逐步完善和多样起来，从最初的调查数据的对比分析、理论探讨到简单的定量分析，以及近期实验研究方法的应用，可以说福利态度在研究方法上积累了一定的经验。但目前也存在一些争论，主要是现实主义与实证主义（positivism and realism）之间的争论。一些方法只看重调查结果的价值，而另一些方法则表明，研究人员的先入之见塑造和框定了对态度的研究，容易主观地强调一些问题，淡化或忽视其他问题。福利态度的研究不仅需要定性研究方法的深入探讨同时也需要定量方法的科学分析，特别需要扩大在福利态度研究中定性方法的应用范围。

在进行福利态度的研究时，定性方法是十分必要的，态度通常也是在不同社会群体相互交流中呈现出来的，定性方法的应用有助于加深我们对福利态度形成内在逻辑的理解（Chung et al.，2018）。彼得森等人（Petersen et al.，2012）采用焦点小组方法探索了应得性启发对福利态度的影响，以及个体价值观是如何与政治态度进行复杂的相互作用的，探索了福利态度形成的心理机制。也有德国学者运用焦点讨论（deliberative forums）的方法研究了德国居民的福利态度变化（Zimmermann et al.，2018）。泰勒－顾柏等人（Taylor-Gooby et al.，2018）采用了一种创新的定性方法——平等讨论（Democratic Forums），研究了居民如何看待福利国家在未来提供福利和服务的范围与质量，结果表明当前英国公民表达了对未来福利社会不可持续的忧虑，因为当前英国社会投资性的福利发展面临着日益自由主义的福利建设倾向与大规模的移民问题。平等讨论（Democratic Forums）作为一种研究个体对福利国家态度的方法，可以围绕着福利国家的低效率问题与社会投资效果评价问题将道德和经济问题联系起来，有利于深入了解公民对福利国家未来的看法与原因。

从福利态度定量研究的推进来看，自20世纪末至今的定量研究是随着调查数据的兴起而逐渐繁盛起来的，但主要集中于国外学者的研究。从研究对象看，目前的居民福利态度研究多以跨国别的定量对比研究为主，目的是考察不同福利体制及文化差别对居民福利态度的影响。从具体定量研究方法的应用来看，目前关于福利态度研究所应用的定量研究方法主要有多元线性回归方法、多层次模型、logit 模型等以及因子分析中的验证性因子分析方法（Roosma et al.，2013）。从定量研究的数据来源中可以看出，目前的数据多来源于 ISSP 数据库以及 ESS 数据库。

纵览关于福利态度研究所应用的研究方法，早期以规范研究为主，中期以跨国数据为主，目前关于福利态度的研究方法十分多元，焦点小组、平等讨论（democratic forums）、定量方法、实验方法等均有尝试。

总之，从第二次世界大战后福利政策在欧洲大陆兴起以来，关于居民对福利政策支持与否的态度研究就开始成为一个有趣的研究方向，虽然早期的福利态度研究并未呈现出脱离于社会态度与选举相关的研究议题，但随着福利国家的发展，此议题的研究逐渐吸引了更多学者的关注，目前为止福利态度已经成为西方福利国家研究中的重要议题，且随着福利国家的历次争论逐渐成为广泛热议的主题，不过在发展中国家特别是中国，居民福利态度的研究尚处于"萌芽"状态，相关的研究对话亟须建立。

同时纵观西方关于福利态度的研究，也存在以下几点不足。从研究背景来看，福利态度的研究背景是伴随西方福利国家合法性危机而兴起的，因此，目前关于此议题的研究主要集中于西方福利国家，对于正在建设成为福利国家的社会居民福利态度研究还处于空白状态，当然关于东方正在建设的福利体制的福利态度研究也十分不足，在国内相关领域内尚无人使用福利态度概念深入系统的研究中国社会福利制度或政策的发展（臧其胜，2016）。

从研究对象来看，埃斯平－安德森开创的跨国福利体制比较支撑了福利国家理论研究的基础，由此，福利态度的研究基于跨国的居民态度调查数据库，大多的研究是基于跨国的对比研究尝试总结出福利态度的理论与现实意义。缺乏针对一国内部经济社会环境差异背景下居民福利态度的研究，而针对中国居民福利态度的研究尚待深入①，很少有评估国家内部多样性与福利态度方面的差异②；由此，基于某一国别的国家内部福利态度研究无论在理论上推进福利国家理论研究，还是在现实中理解不同国家的福利发展的多样性都具有

---

① 彭华民教授2012年做的中国社会福利调查是关于老人、残疾人和流动人口的部分群体的社会调查。

② 莫林·埃格尔（Maureen A. Eger）在2019年11月社会（societies）福利国家多样性（Diversity and Welfare States）的专刊中（special issues）的介绍中如是说，访问时间2021年5月10日。https：//www.mdpi.com/journal/societies/special_ issues/Diversity_ Welfare_ States.

十分重要的意义。

从概念上来看，福利态度的意涵虽然达成了基本共识，但仍不是十分明晰的概念，不同学者基于自身的理解定义了不同的福利态度内涵，致使福利态度并无一致接受的定义。这当然不仅是由于福利态度概念本质的"态度"属性，具有多变性，很难做出精准的定义；同时也在于不同国家居民对福利的理解具有显著的差异性，比如：我国经常使用的社会福利概念其实就是西方使用的社会服务概念，只是我们的社会服务对象主要是面向孤寡老人、残疾人和孤儿（岳经纶，2014）。因此，对于福利态度概念的理论研究还有待深入。目前，不同学者基于各自的研究认知，构建的福利态度研究指标各成体系，尚未形成统一的指标体系，福利态度概念及测量的普适性与不同文化背景的适用性显然不足。

从研究方法上来看，目前关于福利态度的研究虽然呈现多元化，但关于福利态度理论上的规范性明显不足。因此，迫切需要更深入的定性研究，形成更为完备的福利态度理论体系。同时，在西方高质量的福利态度调查数据出现的背景下，福利态度定量研究迅速发展。此外，实验研究等不仅在福利态度研究中，甚至在整个公共管理研究中还处于探索阶段，由此关于福利态度研究的方法导向是多元的。但纵观西方福利态度研究文献，极少有将定性方法与定量方法相结合的研究，可能的原因是定性研究处于研究的早期阶段，彼时定量的数据与方法还处于不成熟与不足阶段；随着研究深入调查数据的出现，使得研究者又过于重视定量方法，缺少了定性理论探讨的深入研究。这说明，福利态度研究还是一个不断成长中的研究议题，尚处于探索阶段。此外，定量研究中，绝大部分都是基于跨国研究的对比，无外乎要关注的是不同福利制度、不同文化背景对居民福利态度的影响及差异，而针对同一体制下的居民福利态度的微观实证研究严重不足。

第三节 福利态度的生成理论

一、风险社会

"现代社会是一个风险四伏的社会，追逐财富的社会生产系统地伴随着风险的社会生产"（乌尔里希·贝克，2004）。弱势群体在技术飞速变革中需要承受的社会风险更趋多样化，也带来社会风险的新形式与多样性。

人的天性是寻求安全的，社会群体在面临隐蔽的社会风险下更多的是基于自身的权利要求福利发展，保护自我。不同的利益群体及阶层下的公众根据不同的需求会要求福利提供的范围不断拓展。例如，除了养老、健康、就业等基本社会福利需要外，性别平等运动及女性解放等的原因，幼儿照顾逐渐超越家庭供给的范围，开始成为社会共同的福利需要。所以，社会风险作为福利发展的核心动力驱动着公众对再分配的需求与意愿，是现代福利制度不断深入发展的根本原因，也是福利范畴拓展的基础。

二、社会需要

需要是福利制度发展的关键，社会福利的发展是为了回应社会需要、解决社会问题。甚至有学者直接指出，社会福利就是直接或间接的回应人类需要的（刘继同，2004）。随着我国特色社会主义进入新时代，习近平总书记在党的十九大报告中明确指出："我国社会主要矛盾已经转化为人民日益增长的美好生活需要和不平衡不充分的发展之间的矛盾。"从人民的需要来看，已经从"日益增长的物质文化需要"转变为"日益增长的美好生活需要"。直观地传达了我国人民不仅是对物质文化生活提出了更高的要求，而且在民主、法治、公平、正义、安全、环境等方面出现了多样化、更高层次的要求，"物质文化生活需求"已不足以囊括人民各方面丰富多样的需求了。因此，习近平总书记在党的二十大报告中进一步指出："我们要实现好、维护好、发展好最广大人民根本利益，紧紧抓住人民最关心最直接最现实的利益问题，坚持尽力而为、量力而行，深入群众、深入基层，采取更多惠民生、暖民心举措，着力解决好人民群众急难愁盼问题，健全基本公共服务体系，提高公共服务水平，增强均衡性和可及性，扎实推进共同富裕。"

中国特色社会主义进入新时代，人民群众对于共享改革发展成果的要求越来越凸显、越来越强烈，意味着改革开放之初满足社会需要的社会福利从经济发展的从属地位逐渐走向与经济发展同等重要甚至更为关键的地位上了，人民对美好生活的需要成为最为重要的发展理念，二十大报告中也再次指出，"坚持在发展中保障和改善民生，鼓励共同奋斗创造美好生活，不断实现人民对美好生活的向往"。

虽然，需要是福利制度运行的基础，社会需要是社会福利制度目标定位的依据与理论基础（彭华民，2010）。但对需要概念内涵的澄清是巨大的挑战，也一直都是极具争议的问题。首先，需要是一个社会建构的概念，个体在不同的社会条件下表现出来的社会需求千差万别；其次，需要是一个动态发展的概念，不同的时空下个体的社会需要也是发展变化的，当然也就无从有一成不变的需要概念；最后，需要是一个极其主观的概念，难以形成有效的评估与测量。目前最广为流行的对需要进行概念界定和内容划分的莫过于心理学领域的马斯洛动机与需要层次理论（亚伯拉罕·马斯洛，2013），马斯洛认为人的本能与动机是需要产生的主要根源。人的需要由低到高分为生理需要、安全需要、爱的需要、自尊需要和自我实现的需要。但社会福利制度的发展是为了满足人的基本需要①，正如多亚尔（Doyal）和高夫（Gough）基于人的需要理论（多亚尔和高夫，2008）所总结的，社会群体基本需要满足的具体内容主要有：适当的营养和水、经济（收入）保障、适当的医疗保障、儿童安全成长环境、住房福利保障、人口与安全节育和安全工作环境的保障等（彭华民，2010）。

---

① 联合国在人类发展报告（Human Development Report）在应对贫困问题中把人的需要分为基本需要和非基本需要，基本需要主要是指满足解决贫困问题的社会福利政策目标。

三、分配公平与正义

公平正义是人类社会恒久的议题，是道德哲学和政治哲学中最古老的主题之一，也是理解人与人、个体与国家关系进而追求正当的、"好的"秩序的关键要素之一。公平正义是一个充满争议的领域，主要在于人们对公平正义观念上的分歧，罗尔斯认为，正义要求消除任意的区分，并在其结构内的竞争性要求之间建立一种恰当的平衡或均衡。"任意的区分"、"恰当的"平衡这些属于正义观念上的东西是很难不产生分歧与冲突的。特别是在现代社会，公平正义的讨论更大意义上指向的是社会正义或分配公平，不同群体公平观念的不一，很难描绘出什么算是真正意义上的公平正义。因此，要想清楚地界定公平正义也是十分困难的。

就公平正义本身而言追求的是人人平等享有资源的一种理想状态。然而，在现实社会中，始终面临着资源的稀缺，这就导致了公平正义最大的争议在于公平的"客体"上，即"什么的公平正义"。不同的群体甚至个体对公平正义的需求与想象各有差异：尊严的平等、权利的公平、机会的公平、收入公平、参与的公平等对公平某一方面的追求各有差异（王绍光，2007）。正如阿马蒂亚·森所认为的，几乎所有的思想流派都力图证明某一方面的平等与公平，但"哪一方面"更重要各有争议（阿马蒂亚·森，2013）。由此，基于对公平正义客体重视的不同，关于公平的理论竞相出现。

福利平等理论。福利平等理论始于与功利主义密切相关的公平分配理论，是以个体偏好为基础的分配正义理论主张，认为正义的标准就是让每一个人实现福利的平等，即让个体具有幸福感和满足感的平等，某种意义上主要是指从结果公平角度来对待分配正义，也因此饱受争议。首先，有的个体的偏好本身是"非正义的"，如对社会和他人具有冒犯性的、攻击性的偏好，或者是昂贵的偏好（expensive taste）等；其次，结果公平的导向忽略了个体的责任意识，这也是后续最具有现实意义的批判，以至于目前的理论趋向认为机会公平的重要性远大于结果公平；最后，从偏好出发的公平导向，以人们固定的欲望和偏好为分配的起点，忽略了偏好的差异性与个体现实状况的适应性，即没有考虑社会及制度环境对公平正义的约束。由此，有了资源平等理论和福利机会公平理论。

资源平等理论。德沃金的资源平等理论主要是要求政府致力于起始的物质资源平等，在此基础上强化个人选择的责任，尊重个体在市场中的生产能力，之后再利用社会保险来保障在市场竞争中运气或者残障等失败的群体，调节社会的再平等。福利机会公平理论是在对资源平等理论的批判中发展起来。阿内森认为真正的资源平等不仅仅在于起始物质的平等，还应该包括人力资源的平等；而在个体福利水平上，重要的不是资源本身，而是资源实际给人们带来的影响才是社会公平与否的衡量标准（Arneson，1989）。所以，福利机会公平理论在福利平等理论的基础上对偏好进行了限制：第一，个体自利的偏好（self-interested preferences）而不是非自利的偏好；第二，应该是合理的偏好（rational preferences）。同时，福利机会公平理论赞同资源平等理论的"洞见"，即合理的平等主义应该是机会平等而非结果平等（姚大志，2015）。因此，结果公平与机会公平在理论上被要求应该加以严格的区分。

在现代社会，公平正义日益转向以财富分配为中心的社会正义或分配正义问题（谭安奎，2014）。关于分配正义的争论主要聚焦于两个问题：第一是"分配什么"，即公平的需求对象是什么，以什么样的"平等物"进行分配；第二是"如何分配"，即在如何分配上无外乎是更重视机会公平还是结果公平。

即使人们同意公平的重要性，他们也可能不同意什么是公平的决定。分歧的一个重要方面涉及一个公平的社会应该追求机会平等还是结果平等的问题。那些支持基于机会平等的标准的人倾向于从事先的角度来看待公平。他们甚至容忍高度不平等的结果，只要所有各方都有类似的成功机会。相比之下，那些支持基于结果平等标准的人倾向于从事后的角度考虑公平。关于这些原则之间的分歧可能在政策问题上产生冲突。然而，个体是倾向于结果公平还是机会公平可能并不是稳定的常态，特别是随着信息的披露，人们很容易从事前的角度转向事后的角度看待公平（Andonie et al.，2019）。

福利态度的理论基础正是再分配的正义问题（Roosma et al.，2013）。

博·罗斯坦认为西方福利国家的正当性要具备三个条件，第一，公众应该相信福利政策的目的和实质是公平的，这种实质正义，说明了国家应该做什么。第二，再分配过程要符合公平分配的负担要求。即公众要确信福利的负担是全民共同承担的，对福利国家的贡献应该是被共担的。第三，是福利政策的程序公平。要使公众相信福利政策的实施是有效并且高效的。即国家可以做什么，而不是应该做什么（Rothstein，1998）。博·罗斯坦认为这三个条件塑造了福利国家的正当性，进而揭示了福利国家的基本逻辑是要满足公众的需要，即政府应该做什么。如果这些福利政策能够得到公平的实施，那么福利国家将被视为是必要的，并自动产生公众的支持。所以，分配的公平感是塑造居民对福利国家态度变化的重要影响因素。

第四节 福利国家研究的理论演进

《济贫法》被认为是现代社会福利制度和福利国家的雏形（郑秉文，2005），而它要回应的社会现实即是新兴的工业革命带来的社会分裂与贫困阶级的产生。有学者梳理了现代福利国家与制度的由来，如周弘（2006）分别从工业化和城市化、政治民主化、民族国家建设三个方面分析和论证了现代社会福利制度的由来，认为现代社会福利制度是随着西欧地区资本主义工业化、城市化，以及大众的民主化和民族国家建设的进程而不断演变发展的。从工业化和城市化的角度来看，现代社会福利制度的诞生是工业化发展带来的社会变革；从大众民主化运动的角度来看，现代社会福利制度的出现是强大的工人阶级迫使民族国家政府做出的政治和制度选择；从民族国家建设的角度看，现代社会福利制度是国家公民地位转变的象征，是民族国家"建成"（completion）的标志（周弘，2006）。但最核心的归纳即是现代社会福利体制的发展与建立是国家机器对时代背景下社会阶层变迁的被动反应。

围绕着"社会福利制度的产生"与"社会福利制度的发展"这两大核心问题，学者们提供了丰富的理论视角，且大多是以社会阶层或阶级的分析范式来理解福利体制的发展与变迁。

一、工业主义逻辑

工业主义逻辑可以看作是对现代社会福利制度发展提出解释的第一代理论（Skocpol & Amenta，1986），主要回应的问题是"为什么会有现代社会福利制度的存在？"基于工业革命社会变迁的历史经验，工业主义逻辑认为，工业革命以来，工业化、城市化、市场化等经济社会变迁催生了社会福利制度的发展，"经济增长是现代社会福利制度发展的最终原因"（Wilensky，1974）。

工业化的发展使劳动力从农业向工业转移，同时人口从农村向城市集聚，市场机制的大规模前进开始打破了自给自足的传统经济形态，市场化成为主要的资源配置形态。此时的社会形态出现了新的社会问题，其一，社会风险影响到人们的生活。劳动力本身也成为市场交易的对象。同时，传统小区、家庭的功能受到削弱。农业社会无须担忧的养老、失业、工伤等问题开始影响人们的生活境遇。其二，工业化对熟练技术工人的需要促使政府重视劳动力的再生产，比如，开始重视职业培训、义务教育等政策，这些功能性的社会需要为现代社会福利制度的出现提供了基础。工业社会生产中不同阶层的群体利益开始显著分化，国家福利制度保障应运而生。简言之，工业主义逻辑认为现代社会福利制度是现代化过程的产物，但核心的逻辑仍是社会阶层矛盾塑造了福利制度的生成与发展。

工业主义逻辑基于功能主义的逻辑演绎，为现代福利制度的发展提供了一个宏大的解释框架，但难以解释国家内部阶层差异性是如何影响居民的态度及福利体制的。

二、新马克思主义

马克思主义分析流派最擅长的莫过于阶级分析逻辑，对资本主义本身展开激烈批评的新马克思主义者围绕着"为什么以剥削工人阶级为本质的资本主义国家会建立再分配性质的现代社会福利制度？"问题展开了关于福利制度发展的解释。

新马克思主义学者同样从功能主义角度出发，认为现代福利的发展是为了缓解发达资本主义国家中资本积累和社会合法性之间的深刻矛盾。资本主义尽其所能地榨取剩余价值及严酷的剥削造成了严重的社会冲突，由此引发社会阶级的对立与分裂，工人的反抗此起彼伏。因此，作为资本家委员会的国家需要采取措施协调各方冲突，维护资本主义社会秩序。现代社会福利制度就是"稳定资本主义社会的一套装置"（克劳斯·奥菲，2011）这套装置主要通过两条途径运作：合法化和社会再生产。首先，资本家通过一定的利益让步，保证工人的基本生活水平，淡化资本主义的剥削本质，从而削弱工人的反抗意识，以此来增加资本主义制度的合法性。其次，现代社会福利制度通过社会投资措施，培养技术熟练工人，实现工人的代际更新，从而保证有源源不断的劳动力供应也即是所谓的社会再生产（刘军强，2010）。随着社会贫富差距的不断扩大，阶层矛盾不断加深，新马克思主义学者不遗余力地对资本主义制度本身带来的阶级之间的剥削问题展开了批判性分析。

新马克思主义从资本主义体制上的矛盾性特征出发，对以阶级剥削对立导致的社会分裂进行深入的逻辑分析，呈现了资本主义与现代社会福利制度关系（相互依存但又充满矛盾），深化了我们对现代社会福利制度的认识。但这种概念性的架构并无法得知，不同阶级之间，特别是社会阶层内部之间对福利体制的态度与差异，相应的因果机制更无从探知。正如艾斯平-安德森批评的那样，工人分化确实存在，但"在什么条件下，什么样的工人可能动员"，完全无从得知（埃斯平-安德森，2003）。总之，新马克思主义的观点对于我们认知当前阶级/阶层与福利制度本身的关系具有重要的意义，但尚缺乏关于阶层与福利变迁相关影响机制的细致的、实践性的探讨。

三、权力资源理论

西方资本主义福利国家的发展并没有像工业主义逻辑预测的那样，福利国家趋同论，特别是美国的例外，引发了社会福利体制理论的反思（Quadagno，1987），各国的社会福利制度之间也存在十分显著的差异，这些现象为权力资源理论的发展提供了基础。

权力资源理论又称为社会民主模型，主要论述社会的发展可以通过渐进的议会民主道路实现由资本主义到社会主义的过渡。科皮（Korpi，1989）认为在分析与解释福利体制变迁时，要重新找回被工业主义逻辑所忽视的阶级和政党问题，因为政党在利益调节和政治动员中起着关键性作用。因为权力资源是解释福利体制的关键概念，在资方的资本控制权和劳方的人力资本控制权对比中，工人个人所拥有的人力资本处于劣势。然而，以工会作为依托形成组织化的体系，工人就有可能改变弱势地位。随着选举权的普及，工人人数占优，从而有利于工人所支持的左翼政党在选举中获胜。左翼政党执政使得有利于工人的社会福利制度有较大的可能被制定、实施。因此，资本主义的社会福利制度发展程度取决于权力平衡偏向工人的程度（Esping-Andersen & van Kersbergen，1992）。科皮分析了工人组织化的范围、集中程度和协调程度对社会福利制度的影响，在斯堪的纳维亚诸国，工会密度很高，且形成了集中度很高的协调机制，因此工会形成了对资方的强力制约，具备了社会福利制度发展的有利环境。反之，在美国和英国，工会范围很低，集中程度也低，尤其是美国工会四分五裂，工人很难与资方抗衡，因此社会福利制度发展受到很多限制。科皮认为，正是由于上述劳资双方权力资源的差异导致了不同国家在福利发展方面的差异。

在此基础上，权力资源理论逐渐成形并成为解释社会福利制度的主导范式。此外，马歇尔的公民权概念是权力资源理论的另一个理论基础。马歇尔（Marshall，1977）认为，公民权的发展经历了三个阶段：最初的公民权利是使公民摆脱人身依附、实现独立的权利，其本质是个人权利。政治权利，例如，选举权和被选举权是公民权发展的第二步。最后，公民权利和政治权利的伸张会促进社会权利的产生。如果将福利作为社会权利的一种体现，组织、团结起来的政治权利是社会权利得以实现的一个关键渠道（刘军强，2010）。

权力资源理论在观察现实世界的社会福利制度比较中具有一定解释力，在对不同国家的社会福利制度方面的差异方面比工业主义逻辑拥有更为精致的解释。虽然，权力资源理论纳入了阶层的分析，但权力资源理论深入对比的是资方与工人之间的较量，强化了政党力量的对比，将社会阶层因素简化为劳资双方的政党力量角逐，不利于对社会阶层所起作用的细致考察，另外，权力资源理论研究对象仅限于 OECD 国家，而且其解释范围也基本上聚焦于社会福利制度扩张的特定阶段。

当然，除上述理论外，对社会福利体制发展考察的理论还有国家中心视角、性别关系视角、雇主中心视角等理论，不同福利发展解释理论虽然各有侧重点，但都强调了阶级或阶层力量的对比与变化，这些视角从理论本身对于我们理解阶层与阶级变动在推动福利发展中所起的关键作用，但对阶层差异，特别是一国内部阶层的差异与互动如何推动社会福利体制变迁尚缺乏细致的分析，特别是在转型社会的发展中，转型社会中的社会阶层是逐渐形成的过程，甚至有时候在转型社会中的公众并不清楚自身的阶级地位，也无法争取阶级利益（Saxonberg，2005），所以从阶级的角度分析转型社会福利制度的形成是有些许欠缺的，此时把握社会福利制度的发展主要集中在公众对福利的诉求与政府的回应之间互动上。

近来一些实证研究为观察不同国家中社会阶层对福利制度发展的影响提供了借鉴，福利的扩展并不一定伴随不同阶层支持程度的变化，如穷人对再分配的支持在不同的福利水平上几乎是不变的，相比之下，福利国家越强大，富裕阶层对再分配的支持就越少（Evans & Kelley，2018），或许是由于富人长期缴纳高额税款和个体平等主义倾向的影响。此外，就美国自由主义福利体制而言，不同阶层在社会福利制度的差异十分显著，在美国社会福利制度分为两部分，公共项目和私人福利的税收补贴。民主党精英倾向于创建和扩大公共项目来帮助有工作的穷人，而共和党则倾向于利用税收补贴来帮助较富裕的公民支付社会服务和福利，由此，公众对社会福利和税收补贴的福利政策方面存在明显的党派和阶层差异（Faricy，2017）。正如比较福利国家文献所认为的那样，不同的福利国家结构产生了不同的福利国家支持结构，社会福利支持因福利项目类型的不同而异。所以，了解公众对社会福利的期望与表达才是深入理解福利制度变迁的重中之重。

第五节　福利态度：福利制度可持续性的表达

福利态度是居民社会政策偏好和福利需要的表达，塑造社会政策的未来走向，驱动着福利制度的变迁，是目前比较福利国家研究中解释福利制度分化与延续的重要变量。因此，福利态度研究的重要性不言而喻，在任何情况下，公众对福利政策的认同范围都是构成政治与社会科学关于福利国家争论的重要主题，亦是评价衡量福利项目实施有效性不容忽视的重要部分（岳经纶，2022）。

当前全球都面临着严重的不平等问题，皮凯蒂认为，经济、社会和政治行为主体对于公正与否的看法以及行为主体的相对力量塑造了集体的选择逻辑，共同塑造了不平等的历史（皮凯蒂，2014）。因此，福利政策在消除不平等困境中被寄予厚望。但务必认识到，若要真正的采取某些公共福利政策以消除不平等，要回归到社会行为主体的态度及其变化特征上，公众的态度是个体理解社会和采取行动的基本动力（Hatemi & McDermott，2016）。虽然不同阶层的福利需要是有差异的，社会偏好也极少是同质的，但社会政策的发展方向通常由社会多数的偏好所决定（Piterova & Vyrost，2019）。因此，正确理解公众福利偏好是什么以及如何形成的，是进一步揭示社会政策是否有效的重要基础（Soroka & Wlezien，2010），也是政府行为正当性的重要保证。

社会政策的成功与否，公众的认同是基本要求。厘清福利态度与社会政策之间的关系，是政府保证政策执行效果的重要工具，也是社会科学和政治不懈追求的重要学术承诺。可惜的是，在西方资本主义制度下，福利政策长期以来被视为是穷人的经济政策（Miller & Rein，1975），是为维持资本主义生产方式而存在的。西方福利国家的理论研究认为，福利制度发展的基础是随着各国不同阶层相关的分配冲突与政治派别妥协演化的结果。以博·罗斯坦（Bo Rothstein）为代表的西方学者从否定西方政府的选举视角观察福利态度取决于政府质量，他认为西方福利国家的政治正当性取决于政府的质量，重要的是政治体系"输出层面"而非"输入层面"，即不仅仅是选举制度创造有效代表的能力，更在于政府执政的"输出端"政府质量（Rothstein，1998），政府回应公民需要的能力与政府执行的公正有效性决定了公民的支持度，从对福利国家正当性的建构具体来说主要包括福利政策的目标及范围是否公平、福利国家政策执行是否公平、福利政策是否有效的标准，这决定了公民对当前政府的支持与满意度，这为我国致力于构建以人民为中心发展导向的民生保障提供了重要借鉴，即如何不断确保政府有效满足人民的福利需要。

党的二十大报告明确提出，人民对美好生活的向往是中国式现代化建设的出发点和落脚点，要"紧紧抓住人民最关心最直接最现实的利益问题……着力解决好人民群众急难愁盼的问题。"福利态度正是我国居民美好生活需要的关键表达，反映了民众的社会需求。由此，我们需要进一步加强对居民福利态度的研究，这不仅有助于精准把握居民的现实需要及对当前社会政策供给的动态调整，而且是增强政府社会保障回应性治理的重要切入点（张虎平和岳经纶，2024）。我国自改革开放以来经济发展取得了巨大成就，致力于在发展中消除贫困，通过经济发展增加财富、带动全民富裕的道路模式，在当前我国社会主要矛盾的转换中面临一定的困境。随着市场经济的不断深入，社会需要的差异化多样化需要更为精准地把握人民的福利需要，社会政策的重要性日益凸显，杨大利（Yang，2004）甚至鲜明地称国家推出的一系列旨在改善民生的社会政策是为了平衡经济与社会关系，实现了国家治理能力的改善。因此，许多学者也开始呼吁，我国已经进入了"社会政策时代"（郁建兴和何子英，2010；顾昕，2016），特别是在农村发展中已经从经济政策范式转向了社会政策范式（霍萱等，2019）。

我国社会政策发展的本质逻辑完全不同于以资本主义生产方式为基础的西方国家，我国特色社会主义福利制度的演进基于自上而下的改革，并不是西方多党竞争下的"贿选"策略。同时，正如王浦劬和孙响（2020）的研究认为，在我国公众对于政府质量的满意度是公众对政府信任的主要来源；公众对政府运行绩效的满意度是公众对政府体制信任的基本动因；公众的生活满意受到其对于政府满意的直接影响并作用于其政府信任，公众生活满意程度的提升，是提升其政府信任的重要条件；较高的政府满意，能够带来相应的政治效能感，由此产生更高的公众政府信任。正如党的二十大报告所言，"江山就是人民，人民就是江山"，要"不断实现人民对美好生活的向往"。因此，我们如何测量与把握当前我国人民的福利需要是我国福利制度可持续发展的基础，也是解决当前我国社会主要矛盾的关键之处。

第三章

我国居民福利态度的测量体系

第一节　我国居民福利态度指标体系的建构

一、福利态度多维度指标体系的理论基础

虽然福利制度的诞生是人类社会经济发展的后来产物，是国家机器对时代需求的被动反应，但从现代社会形态以及全球福利发展的状态来看，福利制度发展是人类社会集合的必然走向。不仅因为福利是随着社会发展，工人阶级迫使民族国家政府做出的政治变迁（周弘，2006），更是因为公民权利意识与大众福利需要的增加，福利成为必然为之的自然产物，正如郑秉文（2005）所言，社会权利是现代福利国家的"催生婆"。

但不同国家与社会走向福利发展的路径与现有的模式差异显著，催生了关于福利体制的研究，多数学者致力于解释福利体制差异的原因，最著名的莫过于埃斯平-安德森的关于福利体制类型的划分。埃斯平-安德森（Esping-Anderson，1990）首先提出"体制"（regime）的概念，所谓"福利体制"，又被称为"福利资本主义"（welfare capitalism），强调的不仅是国家的角色，也包括福利与资本主义经济逻辑之间的互动，强调国家-市场-家庭三者之间的关系。依据该概念工具，安德森用去商品化（de-commodification）与社会分层（stratification）程度的差异区分出三种不同的福利体制类型，分别是盎

格鲁撒克逊的自由主义福利体制（the liberal welfare regime）、欧洲大陆合作主义的福利体制（the corporatist welfare regime）或保守的福利体制（the conservative welfare regime），以及北欧的社会民主的福利体制（the social democratic welfare regime）三种福利模式。

　　尽管埃斯平-安德森的福利体制论对于比较福利国家研究意义重大，但是，正如他所指出的，他的研究对象主要集中在发达国家，其福利制度基本定型且具有稳定性。但是，对于发展中国家而言，福利国家扩张的逻辑是不一样的。第一，资本主义发展的程度不同；第二，国家结构不一样；第三，全球化形塑出不同的福利国家政治（Rudra，2007）。所以，针对发展中国家福利体制特征的研究对于扩展与完善福利体制研究至关重要。

　　为此，不同的地区开始根据各自的福利体制特点进行了归纳研究。如以智利为典型的新自由主义路线国家，它们采取以社会保险私营化为基础的自由主义战略，削减国家对社会保险的开支，同时在劳动力市场政策方面向自由市场倾斜。巴西和哥斯达黎加表现出尚不成熟的社会民主主义特征，还有显现出以混合福利体制为特点的一些东亚国家，强调家庭主义，低水平的社会保险，其社会保障发展远远落后于经济成就。有学者将这些东亚国家的福利发展模式称之为生产主义福利体制，因为在这些地区经济发展高于一切，社会政策服务于经济发展，社会政策从属于经济政策（Holliday，2000），由于特点鲜明也被普遍认为是继自由主义、保守主义和社会民主主义的福利体制之后的资本主义第四类福利体制，主要以日本、韩国及中国的香港和台湾地区为代表。

　　然而，福利的发展一直是在危机中循环往复的，特别是在经历经济危机时，福利的扩张与收缩都是全球热议的话题。所以，除了上述福利体制类型的研究是福利国家研究的重要议题外，不同社会在福利发展中如何应对福利危机是福利国家研究中另外一个更具重要现实意义的话题。

　　而所谓福利国家的危机本质上是再分配偏好的动态变化，反映的是公众对风险和机会的认知。社会福利的目的是用于帮助公众抵抗社会风险，促进社会的平等和谐。贝弗里奇在《社会保险和相关服务》报告中指出要利用社

会政策对抗社会的"五大恶",即"贫穷、疾病、肮脏、无知和失业",奠定
了迄今为止社会政策致力于解决的主要社会风险。在现在社会发展中,人们
所面临的社会风险形式与危害更是与日俱增,所以,福利态度的本质就是公
众如何对待社会风险并寻求解决的态度。

在构建福利国家态度多维度指标体系时,很多研究者是以艾斯平—安德
森福利体制理论为基础进行福利态度指标体系构建的。海恩等(Heien &
Bielefeld,1999)认为意识形态与社会化的文化差异决定了个体的正义信念,
自利动机影响正义信念并与其共同决定了福利国家的态度。而宏观层面的经
济形势(Blekesaune,2013;Kam & Nam,2008)与国家制度塑造的公平观对
福利态度的影响也十分重要。所以,安德瑞贝塔(Andreß,2001)基于宏观
和微观视角从个体、经济与国家制度的理论视角建构了福利态度的影响模型
(见图3-1)。而对应的福利态度的指标体系则是从平等(equality)、需要
(need)与公平(equity)的分配正义视角,从福利国家的目的、方式、效果
与财政可持续性角度构建了福利态度的指标体系。

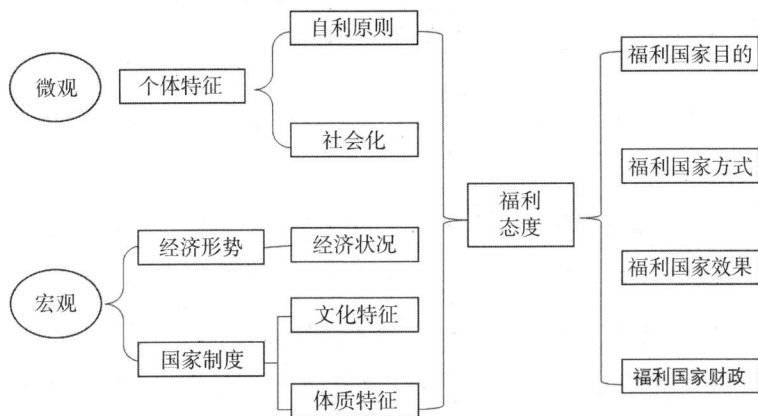

图 3-1 福利态度多维度影响模型(Andreß,2001,转引自臧其胜,2014)

2008年欧洲社会调查的背景是欧洲社会-人口学因素的变迁,本次专门的
福利态度调查以风险和资源分配为起点,将制度框架视为形塑福利态度(倾
向)的关键变量,并影响风险与资源的分配。在福利态度的输出端,福利态

度调查模块分为五个维度：福利国家的范围与责任、福利国家的开支、服务递送模式、福利政策的欧洲化和目标群体，由于欧洲社会调查是以欧盟一体化为背景的，在"社会欧洲"的背景下增加了福利政策的欧洲化这一维度。同时，该调查将公众的态度与评价进行了区分，从政策执行、经济结果和道德/社会结果三个维度展开对福利国家政策的评估。相应的框架如下图 3-2 所示：

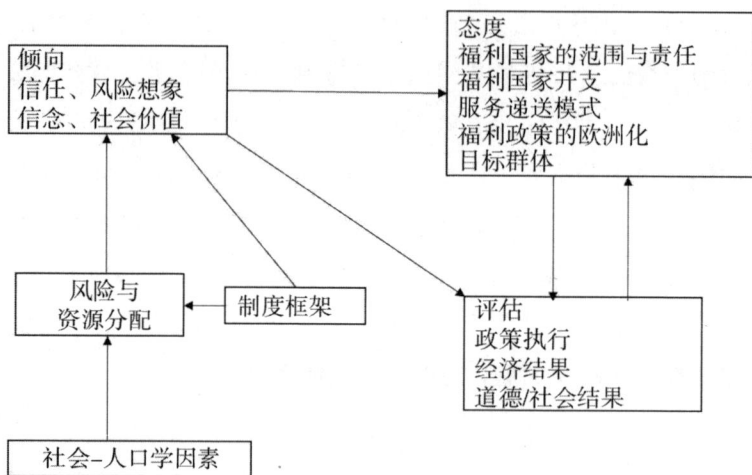

图3-2　福利态度分析的概念框架（**European Social Survey Round4，2008**）

二、福利态度指标体系的内容

在福利国家态度研究中，多数学者基于数据可得性，利用单一指标作为测量个体福利态度的变量。如布列克索内（Blekesaune，2003）借用 ISSP 调查中，公民对福利态度政策受益者——老年人和失业者的态度来研究福利国家态度。杰格（Jæger，2006）利用 ESS 数据中关于对居民对政府采取措施减少收入不平等的态度研究西欧 13 个国家对福利国家的态度；在此基础上杰格（Jæger，2006）利用加拿大的"公平、安全和社区调查（Equality，Security，and Community' survey，简称 ESC）"数据，以调查问卷中的"政府是否必须采取更多措施缩小加拿大富人和穷人之间的收入差距"来试图用跨期数据验证个体因素及政治意识形态因素对居民福利态度的影响。杰格（Jæger，

2009）再次利用 ISSP1996 和 1999 年两期数据中的"政府是否有责任缩小高收入者和低收入者之间的收入差距"这一调查问题作为因变量，研究福利制度对居民再分配偏好的塑造。

同样是基于数据的可得性，也有部分研究以多重指标来构建居民对福利国家的态度。斯瓦尔福斯（Svallfors，1997）利用 ISSP 的数据可得性，通过如下三个指标反映公众对福利国家的态度，即通过问卷调查中对以下三个问题的同意程度来表征：第一，政府有责任缩小富人和穷人之间的收入差距；第二，政府应该为每个愿意工作的人提供工作；第三，政府应该为每个人提供有保障的基本收入[1]。斯瓦尔福斯（Svallfors，2004）继续这一主题的研究，利用瑞典长时段的经济社会发展数据，构建了居民主观福利支出意见指数。

布列克索尔（Blekesaune，2003）将个体对福利国家的态度操作为 ISSP 调查中的四个条目应答结果，分别为"政府是否应该为每个想要工作的人提供一份工作；为病人提供医疗保健；为老年人提供适当的生活水平；为失业者提供有保障的基本生活。"布列克索内（Blekesaune，2007）通过世界价值观数据（WVS）中的如下两个问题，"国家应该主动为所有人提供有价值的工作还是个人应主动为自己创造工作机会；收入是应该更加平等还是更多地激励个人努力的价值回报"作为因变量来研究全球 89 个国家居民对福利国家的态度。赛奇威（Sachweh，2018）将福利态度这一因变量以两个调查问题的条目表示：第一，政府应该在多大程度上保证每个人的基本生活；第二，居民对政府重新分配国家财富的支持程度。雅各布森（Jakobsen，2011）将居民对福利的态度通过以下三个调查条目来体现，第一，对收入不平等的态度；第二，对政府责任的认知；第三，对机会公平的认同。

阿里钦和布鲁姆（Arikan & Bloom，2015）在个体价值观与对福利政策支持程度的研究中，将因变量操作为居民对以下六个条目的支持程度：（一）为

---

[1]　ISSP（1992）. 1. It is the responsibility of the government to reduce the differences in income between people with high lncome and those with low lncome；2. The government should provide a job for everyone who wants one. 3. The government should provide everyone with a guaranteed basic income. http：//www. issp. org/data-download/by-year，访问日期：2021 年 2 月 2 日。

每个人提供一份工作；（二）确保病人得到充分的保健；（三）保障老年人合理的生活水平；（四）保障失业人员的合理生活水平；（五）为在职父母提供充足的托儿服务；（六）为临时需要照顾患病家庭成员的员工提供带薪休假。

里普斯梅耶和诺德斯特姆（Lipsmeyer & Nordstrom，2003）在借鉴诺勒关于福利态度指标体系的基础上，将居民的福利认知分为对政府支出和政府责任认知的两个维度，具体包括国家在提供医疗保健、老年人最低生活水平、学生经济援助、公民体面住房和失业者最低生活水平等五个方面，同时也包括居民对政府在医疗保健、退休、教育和失业福利资金支出方面的态度。

上述关于福利态度测量的指标选取基于数据的限制，不同测量之间的指标选择具有很大的随意性，其结果有可能存在较大偏误（van Oorschot & Meuleman，2012）。随着研究深入，学者们开始注意到指标之间的关系，尝试构建福利国家态度指标体系，除了上述诺勒的多维指标体系外，斯瓦尔福斯（Svallfors，1995）从支出、福利递送、财政支持、福利滥用情况，分四个维度构建了一个福利政策的态度指标体系（表3-1）。其中支出是指调查居民对于健康和医疗、老人支持、幼儿照顾等不同方面的支出应该是增加还是减少；福利递送调查的是居民对政府、企业还是家庭等不同福利递送模式认同；财政支持是指居民对健康、教育等社会支持政府财政支持的认同；福利滥用是指居民对医疗服务、失业救济等不同社会支持中是否存在福利滥用的情况的感知。

表 3-1　福利态度不同维度的具体条目内容

支出	健康和医疗、老人支持、幼儿照顾、家庭津贴、义务与大学教育、就业政策、行政成本
福利递送	国家或地方政府、私人企业、家庭或其他形式
财政支持	教育、健康、幼儿照顾
福利滥用	医疗服务、失业救济、社会支持、家庭补贴、残疾救助

注：内容整理自（Svallfors，1995，p，58-66）有删改。

萨巴格等（Sabbagh &Vanhuysse，2006）基于个体心理机制，从个人主义、工作伦理、内在与外在归因、平等主义、福利范围等6个维度，分25项条目构成了多维度的福利态度（见表3-2）测量体系，研究了自由的、激进的、保守的和社会民主的等不同体制下居民福利态度差异。

表3-2 萨巴格等福利态度多维度分析

维度	条目
个人主义	单身（live own-life）等
工作伦理	工作努力、失业风险等
内在归因	失败、懒惰、智商等
平等主义	税收、贫富差距等
福利范围	医疗、失业、贫穷救助等
外在归因	社会歧视、学历低、机会少等

注：内容根据（Sabbagh & Vanhuysse, 2006, p, 618）整理有删改。

彼得斯等人（Petersen et al., 2012）通过对丹麦学生进行的实验，向受试者展示了有关再分配、福利和国家角色的六个项目。受试者被要求在7分制范围内表示对以下陈述的同意程度：高收入应纳更多的税、我们不应该要求更多的福利、富人应该拿出更多的钱给最穷的人、政府在失业问题上花了太多的钱、国家对商业活动的干预太少、每个人都应该靠个人努力工作确保个体的正常生活、同样的经济条件下个体不应该担忧教育和就业问题。彼得斯等人将这些问题的答案加在一起，形成一个支持福利国家的量表。

鲁斯玛等人（Roosma, et al., 2013）依据ESS（2008）的调查数据，从福利国家的目标、范围、程度、效率、滥用、目标结果、政策结果、经济后果、道德后果维度，从ESS调查中匹配相关的调查问题，运用因子分析方法（CFA）构建多维的福利态度指标体系如下表3-3，主要从福利的目标、范围、程度、效率、结果等不同维度进行了综合。

表3-3 鲁斯玛构建的多维福利态度指标体系

维度	条目
目标	是否同意减少不平等

维度	条目
范围	政府是否应该提供医疗、养老等服务
效率	福利政策是否有效
效果/滥用	福利是否存在滥用的感知
效果/浪费	福利资源是否存在浪费
目标结果	福利政策目标是否实现
政策结果	福利服务或递送是否满意
经济后果	福利政策对经济是否有害
道德后果	福利对道德是否有害

注：内容根据（Roosma, et al., 2013）整理。

塞米娜（Salmina, 2014）在研究俄罗斯与欧洲居民对国家福利政策的态度时，通过居民对一系列声明的回应，即政府是否应该："确保人人都有工作""确保病人得到适当的保健""保障老年人有合理的生活水平""保障失业人士的合理生活水平""确保为在职父母提供足够的托儿服务""为那些暂时需要照顾生病家庭成员的人提供带薪休假"等调查问题，构建了国家社会责任指数（State Responsibility for Social Support Index，SRSSI），该指数衡量的是居民关于国家对社会福利责任程度的认知。

显然，构建多维度福利态度指标还处于探索阶段，不同的学者基于不同视角构建的多维指标体系具有显著的差异性，且更多的是从跨国的大范围视角来试图构建一个普适性的宏大福利态度指标体系，这种尝试当然是十分有意义的，可是福利态度的核心是"态度"问题，指向的是价值观问题，不同文化背景与政治制度下的公民态度是多样的，也是多变的。所以，我们更应该思考如何从一个国家内部的视角构建测量居民福利态度的指标体系。

三、我国居民福利态度指标体系的建构

福利态度的基础是公众对再分配正义的态度，表达的是公众对社会风险和机会的认知。现代社会福利提供的主体一般都是以国家为主，所以，多维

福利态度指标体系指向的是公众对政府提供福利的态度。在福利态度研究的最初，政府是否应该提供特定的某项福利构成了福利态度研究单一维度的研究内容，这种判断公众福利态度的做法很显然是片面的（Svallfors，1991），是典型的古典自由主义对政府与市场关系认知的产物，随着工业社会的发展，公民权利的产生与演进，提供福利保障是现代政府毋庸置疑的责任，自然地，公众对政府提供福利保障的态度从"是否应该提供"逐步过渡到对政府提供福利的广度、深度以及政府执行福利政策的效率和福利政策的后果全面认知（Roller，1995；Andreβ，2001；van Oorschot&Mueleman，2012），所以福利态度测量自然走向多维度体系的建构。

　　具体的福利态度应该包含哪些维度？这是一个富有争议且在逐渐讨论中的议题，就目前的研究而言，学者们根据自身的研究经验构建的多维指标具有显著的差异性，早期的斯瓦尔福斯（Svallfors，1991）从福利国家的组织角度，将福利政策分为四个维度：分配维度、行政维度、成本维度、滥用维度，各维度之间相互独立，而就公众福利态度而言更多指向的是滥用维度，因为斯瓦尔福斯定义的滥用程度是指福利政策是否产生福利依赖现象。紧接着西赫沃和乌西塔洛（Sihvo & Uusitalo，1995）将公众的福利态度分为对福利责任提供者的认知（国家、市场或个人）、对福利国家使用情况的感知（是否有滥用）、对输出过程的感知（收入与服务的满足程度）和对福利国家效果的评价（不平等降低的程度、是否有福利依赖现象）等多重维度。与此同时，诺勒（Roller，1995）将公众对福利国家的态度简化为三个维度：福利国家的目标维度、福利政策的输入维度（制度/项目）和福利国家的结果维度，成为经典的福利态度多维度分析框架。沿着该思路安德瑞贝塔（Andreβ，2001）增加了对福利国家融资维度的感知；范·奥斯舒特和麦乐曼（van Oorschot & Mueleman，2012）基于此进一步将福利态度划分为对福利国家原则的支持、对政府责任的偏好宽度（广度）、对政府开支的偏好深度（强度）、对福利政策执行的评估、对福利国家结果的评估和对福利国家的可感知后果六个方面，更为详细地描述了福利政策发展过程的态度感知。鲁斯玛等人（Roosma，et al.，2013）另辟蹊径运用验证性因子分析（CFA）的定量分析方法构建多维的指标体系，认为福利态度应该从目标、范围、程度、效率、滥用、目标结果、政策、经济后果、道德后果等维度研究。

不同研究视角下的福利态度多维度分析框架并不统一，但可以肯定的是居民的福利态度表达深受不同意识形态与社会文化差异的影响（Heien&Bielefeld，1990）。在我国的制度与文化背景下，以人民为中心，政府为公众提供社会救济与保障也是长期历史制度与文化传统，所以，西方的福利国家制度研究基础及基于此的理论拓展，特别是关于福利国家态度指标体系的研究结论并不完全适用于我国居民福利态度的研究。在西方，直观地看，社会福利的发展是不同执政党互相竞争的结果，而我国的福利保障制度长期以来一直是为了保障人民生活的连贯性政策设计。

罗斯坦（Rothstein，1998）认为福利国家建构的基础在于公民对福利政策实施有效性和高效性的认同，即国家可以做什么，而不是应该做什么，进而揭示了福利国家存续的基本逻辑是能否满足公众的需要，政府应该做什么。如果这些福利政策能够得到公平的实施，那么福利国家将被视为是必要的，并自动产生公众的支持。进而罗斯坦总结到福利国家存续的关键是回答以下三个问题：福利政策的目标及范围是否公平、福利国家政策执行是否公平和福利政策是否有效。这三个维度更为契合我国政府的社会政策发展逻辑，由此，本研究参考了罗斯坦的政府质量论，来构建我国居民福利态度指标体系。并结合诺勒的福利态度测量框架从福利期望、福利递送和福利结果三个维度构建我国居民的福利态度测量体系。

构建福利态度多维度指标体系的目的是更为全面地反映公众对福利政策的支持程度，也是为了丰富福利态度研究的内涵。纵观不同学者的福利态度多维度指标体系内容，公众对政府福利责任的范围都是最为核心的福利态度内容，具体的政府责任主要体现在医疗、养老、就业保障等层面，我国正处于福利增长时期，公众对政府福利责任的认知更多的是一种强烈的渴望。所以，本研究将我国公众对政府在就业、医疗和养老三个政府福利责任范围上福利态度认知归为福利期望维度，即是指在当前我国居民对于福利建设要覆盖的主要范围与程度的一种福利需要表达。福利递送。在对福利国家的研究中，政府政策执行的效率也是公民对福利国家态度的重要维度（Mizrahi，2016），公众对政府福利递送过程的满意度也是福利态度的重要组成部分，主要是指我国居民对福利政策执行的感知——一方面是指政策是否有效递送到有需要的群体中，另一方面是指福利政策执行的效率——两个指标维度来研究我国居民对福利递送的结果满意度的感知。在我国，政策执行的效率直接关系到社会治理的效果（陈家建和张琼文，2015；贺东航和孔繁斌，2011），甚至影响公众对政府的信任，因此，以政策执行为核心的福利递送结果满意度应该是我国居民福利态度感知的重要组成维度之一。福利结果。福利的效果毋庸置疑是居民福利态度的重要组成部分，福利结果维度主要是了解我国居民对当前主要福利效果的主观评价。张军扩等（2019）基于我国民生满意度的全国调查显示，"目前在我国医疗和收入仍然是受访者在家庭生活上最担忧的问题，有孩子的家庭对教育最为焦虑。关于家庭生活中最关心（操心、焦虑、担心）的问题，排第一位的是医疗……子女教育排在第三位，对于有孩子的受访者，教育则排在第一位……此外，近三年来受访者对养老的担心程度也明显提高。"同样，岳经纶等（2017）基于地方（广东省）的福利态度调查显示在当前"基本公共教育和社会养老服务是呼声最高的两个领域"①。在基于文献的研究中，也同样强调居民在对政府质量的评价中，最为关注的是政府在教育、医疗等公共服务中的水平（Charron&Lapuente，2013）。

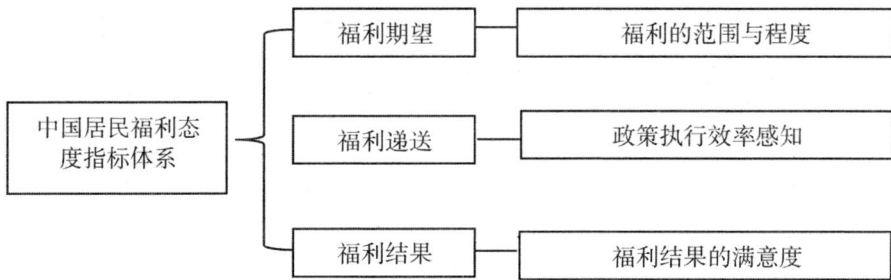

图 3-3　我国居民福利态度指标体系

---

① 新华社.《广东发布公众福利态度：幸福感较强，民生诉求依然强烈》，https：//www.sohu.com/a/204515916_267106.

因此，基于相关福利态度多维度研究文献基础，本书从罗斯坦政府质量论要回应的福利国家合法性理论出发，从福利期望、福利递送和福利结果三个维度来建构我国居民的福利态度指标体系（图3-3）。

第二节　我国居民福利态度指标体系的因子分析

一、我国居民福利态度指标的选取与数据来源

大多研究者均认同福利态度的多维度特性，但多维度指标体系的具体内容并无一致结论。由于个体对于福利的态度如前所述，不仅受个体特质的影响，同时也受到福利政策与社会环境的影响，很难有完整的指标体系涵盖所有，而且最重要的原因在于数据源的限制，目前针对居民福利态度的调查是十分稀少的。在西方仅欧洲社会调查（European Social Survey，ESS）① 于2008 年和 2016 年在进行社会调查中设置了福利态度（welfare attitude）模块，而过往西方关于居民福利态度的研究数据来源主要为国际社会调查（ISSP）项目的政府作用（Role of Government）模块。在核心调查内容与条目上二者较为类似，欧洲社会调查所涵盖的调查条目更为丰富些（下文会对相关条目进行细致比对）。同时香港地区学者王卓祺在借鉴 ISSP 政府作用模块的基础上于 2005 年开展了"台湾地区民众对社会福利看法"的调查（Wong.，et. al，2009）。

相比较而言，在我国大陆进行的专门的社会福利调查起步较晚，截至目前仅有 2012 年的中国社会福利调查（China Social Welfare Survey，CSWS）②

---

① 具体内容见 ESS 数据库官网，http：//www.europeansocialsurvey.org/，访问于 2020 年 9 月 9 日。
② 本次调查基于彭华民教授主持的中国适度普惠型社会福利理论和制度构建研究课题，分别在南京、天津、兰州和成都四个城市进行，实际样本 1224 份。

和 2017 年的广东省福利态度调查①，该调查于 2018 年拓展至广东、湖北和陕西三个省份。但 2012 年的中国社会福利调查对象为流动人口、老年人、残疾人与儿童四类人群，针对的并不是全体居民对象，通用调查问卷的部分参考的是中国综合社会调查问卷（CGSS2011），专题部分参考的是国际社会调查项目（ISSP2006）（臧其胜，2014）。后者的福利态度调查是真正意义上以中国居民社会福利态度为核心的社会调查。

最初的福利态度定量研究的数据来源起始于国际社会调查，所以截至目前跨国大型的综合国家社会调查项目（ISSP）是最重要的福利态度研究数据库来源。以至于后来的关于福利态度的调查内容均是以此项目为基础，过往的福利态度多维度研究所采用的具体条目先后分别有，诺勒（Roller，1995）采用的 ISSP 数据库使用的如下相关条目："为病人提供健康照顾应不应该是政府的责任？（ISSP-1985）、政府应该缩小贫富差距？（ISSP-1985）、政府应该为更多的穷人家的孩子提供上大学的机会？（ISSP-1987）、政府应该为每个人提供有保障的基本收入？（ISSP-1987）、政府应该缩小贫富差距？（ISSP-1985）"；斯瓦尔福斯（Svallfors，1997）利用 ISSP 中如下调查条目："政府是否有责任缩小富人和穷人之间的收入差距""政府是否应该为每个愿意工作的人提供工作""政府是否应该为每个人提供有保障的基本收入"，构建了居民主观福利支出意见指数；布列克索尔（Blekesaune，2003）同样利用的是 ISSP 数据库的相应条目，分别为："政府是否应该为每个想要工作的人提供一份工作""政府是否应该为病人提供医疗保健""政府是否应该为老年人提供适当的生活水平""政府是否应该为失业者提供有保障的基本生活"等。后续一系列的研究均着眼于 ISSP 的相关调查条目进行居民福利态度的探索研究。

在 ESS 数据调查中关于政府福利责任的居民认知调查中与 ISSP 十分接近，主要包括："政府是否应该为每一个人提供工作机会""政府是否应该为病人提供医疗保健""政府是否应该保障失业者的基本生活""政府是否应该

---

① 本次调查基于岳经纶教授主持的中国社会福利制度框架设计研究课题，并于 2016 年以广州市公众福利态度为对象进行的试调查基础上展开的，采取电话调查方式。

为在职父母（working parents）提供幼儿照护服务（child care services）""是否应该为员工提供带薪休假照顾生病的家庭成员"；同时 ESS 调查也包括居民对政府福利活动满意度评价的三个维度："政府卫生服务状况的满意度""政府保障退休人员生活水平的满意度"和"政府在为年轻人找到第一份全职工作努力的满意度"等。此外，ESS 在福利态度调查模块还进一步增加了政府质量（government quality）的相关调查条目，"你认为（国家）提供的卫生保健效率如何？""你认为税务机关及时查询、避免错误和防止欺诈的效率如何？""你认为（国家）给予医生和护士特殊待遇对其他人是否公平？"① 等等。鲁斯玛等人（Roosma，et al.，2013）依据此调查条目运用验证性因子分析（CFA）将居民福利态度分为目标、范围、效率、效果/滥用、效果/浪费、目标结果、政策结果、经济后果、道德后果等维度。

2012 年的中国社会福利调查关于福利态度的条目主要包括如下："每个人是否有权利获得工作""每个人是否有责任保障自己的基本生活""父母照顾子女时有权利要求政府帮助""成年子女照顾父母时有权利要求政府帮助""每个人有权利获得基础教育""每个人有权利要求政府善用税收"等（臧其胜，2014）。2017 年广东省福利态度调查中关于福利态度的相应条目为："您认为政府在城乡居民低保、基本医疗保障、基本公共教育、基本住房保障、社会养老服务等方面的支出应该是增加还是减少？""您认为当地的养老待遇水平如何？""您认为您个人的税收负担水平如何？""您是否同意不劳而获是可耻的？""您是否同意不上班会使人变懒？""保证所有人在衣食住、教育和健康等方面的基本需要得到满足的重要程度如何？"等。很显然，中国社会福利调查更多的集中于对政府责任认知的单一维度，而中国福利态度调查涵盖的内容较为全面，但同时没有关注到福利政策执行的维度。

与此同时，国内也有一些大型的综合社会调查内容在借鉴 ISSP 调查模块

---

① 调查的原始英文条目如下：Please tell me how efficient you think the provision of health care in［country ＼］is. And how efficient do you think the tax authorities are at things like handling queries on time，avoiding mistakes and preventing fraud? Please tell me whether you think doctors and nurses in［country ＼］give special advantages to certain people or deal with everyone equally?

中涵盖了相应的居民社会态度和福利态度的内容。如 CGSS 在加入国际社会调查项目（ISSP）后，针对我国居民的社会福利态度进行了相应的调查，并且难能可贵的是 CGSS 数据库针对同一福利态度调查条目进行了十年回顾性的重复调查，能够较为全面地探知我国居民福利态度的变迁历程。所以，本研究拟采用中国综合社会调查（CGSS）数据进行分析，同时使用"2005 年全国综合社会调查"（CGSS2005）和"2015 年全国综合社会调查"（CGSS2015）数据，分析我国居民福利态度差异及变迁。

　　CGSS 系列数据是由中国人民大学和香港科技大学共同组织的调查所形成的数据库，是学术界公认的质量可靠的全面反映我国社会变迁的大型调查数据。2005 年和 2015 年均采用了多阶分层 PPS 随机抽样，在第一期（2003－2006）调查中共包括全国 22 个省、4 个自治区、4 个直辖市的 2801 个区/县单位（根据 2003 年行政区划资料）。从中抽取 125 个区/县（即初级抽样单元），其中再抽取 500 个街道数与乡镇，再次抽取其中的 1000 个居委会/村委会，最后从每个家庭户中随机抽取 1 名年满 18 周岁的家庭成员作为调查对象①，最终 2005 年有效样本为 10372。

　　2015 年为中国综合社会调查（CGSS）第二期（2010—2019）抽样调查，调查在全国一共抽取了 100 个县（区），加上北京、上海、天津、广州、深圳 5 个大城市，作为初级抽样单元。其中在每个抽中的县（区），随机抽取 4 个居委会或村委会；在每个居委会或村委会又计划调查 25 个家庭；在每个抽取的家庭，随机抽取一人进行访问。而在北京、上海、天津、广州、深圳这 5 个大城市，一共抽取 80 个居委会；在每个居委会计划调查 25 个家庭；在每个抽取的家庭，随机抽取一人进行访问。这样，在全国一共调查 480 个村/居委会，每个村/居委会调查 25 个家庭，每个家庭随机调查 1 人，总样本量约为 12000。其中，在抽取初级抽样单元（县区）和二级抽样单元（村委会和居委会），利用人口统计资料进行纸上作业；而在村委会和居委会中抽取要调查的家庭时，则采用地图法进行实地抽样；在家庭中调查个人时，利用 KISH

---

① CGSS 抽样设计说明 . https：//mp. weixin. qq. com/s/fAqG_ hyyogk2eeNrA7A13Q，访问时间：2019 年 12 月 20 日 .

表进行实地抽样。最终，2015 年 CGSS 项目调查覆盖全国 28 个省/市/自治区的 478 村居，有效问卷 10968 份①，数据的省域分布情况如下：

CGSS 调查中覆盖了全国 28 个省市，不同省市样本量分别为安徽省（2005 年 520，2015 年 381）、北京市（2005 年 401，2015 年 502）、福建省（2005 年 310，2015 年 262）、甘肃省（2005 年 242，2015 年 194）、广东省（2005 年 552，2015 年 464）、广西壮族自治区（2005 年 348，2015 年 359）、贵州省（2005 年 227，2015 年 243）、海南省（2005 年 71）、河北省（2005 年 398，2015 年 267）、河南省（2005 年 589，2015 年 572）、黑龙江省（2005 年 310，2015 年 508）、湖北省（2005 年 486，2015 年 534）、湖南省（2005 年 481，2015 年 457）、吉林省（2005 年 168，2015 年 457）、江苏省（2005 年 613，2015 年 463）、江西省（2005 年 237，2015 年 450）、辽宁省（2005 年 393，2015 年 390）、内蒙古自治区（2005 年 153，2015 年 98）、山东省（2005 年 626，2015 年 574）、山西省（2005 年 157，2015 年 276）、陕西省（2005 年 327，2015 年 350）、上海市（2005 年 395，2015 年 486）、四川省（2005 年 651，2015 年 555）、天津市（2005 年 403，2015 年 275）、新疆维吾尔自治区（2005 年 78）、云南省（2005 年 311，2015 年 341）、浙江省（2005 年 293，2015 年 412）、重庆市（2005 年 85，2015 年 261）。

在关于福利态度的研究中国际社会调查项目（International Social Survey Programme，简称 ISSP）是使用频率最高的数据库，许多福利态度的经典研究都是基于该数据进行探索分析的（Arikan & Bloom, 2015；Goerres & Tepe, 2010；Jæger, 2006；Saxonberg, 2005；Svallfors, 2004, 1997；Blekesaune, 2003；Lipsmeyer & Nordstrom, 2003；Lipsmeyer, 2003）。该数据库自 1985 年以来每年一次的全球调查持续进行中，其成员国已经扩大到 57 个国家和地区②，中国综合社会调查（CGSS）于 2007 年成为该数据库成员国。

ISSP 每年在以下模块中政府作用（Role of government）、社会网络

---

① 中国综合社会调查（CGSS）2015 年度调查数据开放，http：//cnsda. ruc. edu. cn/index. php？r＝site/article&id＝164.

② http：//www. issp. org/about-issp/history，访问于 2020 年 6 月 30 日。

（Social networks）、社会不平等（Social inequality）、家庭及性别角色变迁（Family and changing gender roles）、工作倾向（Work orientations）、宗教（Religion）、国家认同（National identity）、公民权（Citizenship）、健康（Health）等轮换调查①，在对政府作用的模块中涵盖了公民对政府福利活动的认知与支持程度②，这也是目前许多西方学者考察居民福利态度研究所用的模块对象和数据来源。

　　同时，CGSS2005 年在借鉴上述 ISSP 政府作用模块针对我国居民开展了相应的调查，更难能可贵的是 2015 年 CGSS 针对该模块再次进行重复调查③，可以有效地反映出我国居民十年间福利态度的变迁趋势。因此，本研究拟采用 CGSS2005 年和 2015 年数据分析我国居民的福利态度差异及变迁。

二、我国居民福利态度指标体系的条目分析

　　本项研究使用的是中国综合社会调查（Chinese General Social Survey，简称 CGSS）数据，在 CGSS 数据库 2015 年十年回顾模块中，涉及与居民福利态度相关议题的调查主要为以下 8 个调查条目："（1）总的来说，您认为政府是否应该或有责任提供人人有工作机会的福利？""（2）总的来说，您认为政府是否应该或有责任提供人人有医疗保险？""（3）总的来说，您认为政府是否或有责任为老人提供生活保障？"，居民的回答为四维变量"绝对有责任＝1"、"可能有责任＝2"、"可能没责任＝3"、"绝对没责任＝4""（4）您对政府为

---

① http：//www. issp. org/data-download/by-topic，访问于 2020 年 6 月 30 日。

② "你认为保障失业者基本的生活是否应该是政府的责任？" ISSP （2016） Do you think it should or should not be the government's responsibility to provide a decent standard of living for the unemployed？ "你认为用于以下目的（医疗、社会救助、养老、就业等）的税收支出应该增加、保持不变还是减少？" ISSP （1990） Do you think that the amount of tax money used for the following purposes should be increased, remain unaltered, or decreased？ "行政和服务是否有滥用财政？递送是否及时？是否易于理解？" ISSP （1996） Are administrations and services not spilling money, delivering on time, and easy to understand？

③ 2015 年 CGSS 项目除了核心模块（A 部分）外，还加入了 2005 年经济态度和行为评价的 10 年回顾模块（B 部分）、国际调查合作计划（ISSP）等工作模块。http：//cnsda. ruc. edu. cn/index. php？r＝site/article&id＝164，访问于 2020 年 6 月 30 日。

老人提供适当的生活保障的满意度如何？""（5）您对政府提供优质的基础教育的满意度如何？"　"（6）您对政府为患者提供医疗服务的满意度如何？""（7）您对政府帮助穷人，维护社会公平的满意度如何？""（8）您对政府部门秉公办事的满意程度如何？"居民的回答为五维变量"非常同意=1""同意=2""无所谓=3""不同意=4""非常不同意=5"。

如表3-4所示，利用CGSS2005和2015年的十年回顾调查数据中的8个条目进行我国居民的福利态度因子分析，8个项目的选择虽然是按照文献的理论进行遴选，但由于本研究的主题是居民的福利态度分析，集中使用的模块是CGSS十年回顾中的居民福利态度内容，相当于抽取CGSS调查数据的"二次调查"，有必要进行调查问卷的项目分析。项目分析主要目的是检验调查问卷中条目的适切度和可靠度，主要是作为题项间的同质性检验，是修改或剔除题项的依据之一，主要有项目难度（Item Difficulty）、项目区分度（Item Discrimination）等分析。

表 3-4　我国居民福利态度测量条目分析

项目	编号	缺失率		平均值		方差		项目难度		项目区分度		克朗巴赫系数变化	
		2005	2015	2005	2015	2005	2015	2005	2015	2005	2015	2005	2015
总的来说,您认为政府是否应该或有责任提供以下福利?													
人人有工作机会	item105/115	1.65%	1.08%	1.47	1.59	0.64	0.65	0.37	0.4	0.096	0.138	0.736	0.768
人人有医疗保险	item205/215	0.00%	0.63%	1.43	1.34	0.7	0.52	0.29	0.33	0.1	0.187	0.734	0.755
为老人提供生活保障	item305/315	0.63%	0.57%	1.28	1.32	0.52	0.52	0.32	0.33	0.116	0.186	0.729	0.755
您对政府在下列工作方面的表现满意度是怎样的?													
为患者提供医疗服务	item405/415	2.09%	1.11%	3.06	2.64	0.94	0.91	0.61	0.53	0.573	0.565	0.645	0.683
为老人提供适当的生活保障	item505/515	0.00%	1.21%	3.12	2.56	1.03	0.88	0.52	0.51	0.594	0.572	0.639	0.682

续表

项目	编号	缺失率		平均值		方差		项目难度		项目区分度		克朗巴赫系数变化	
提供优质的基础教育	item605/615	1.37%	1.59%	2.84	2.46	0.89	0.84	0.57	0.49	0.534	0.526	0.657	0.695
您对政府帮助穷人，维护社会公平的满意度如何？	item705/715	1.37%	1.53%	3.22	2.73	0.96	0.93	0.64	0.55	0.576	0.585	0.644	0.677
您对政府部门秉公办事的满意程度如何？	item805/815	0.00%	3.10%	3.32	2.79	1.04	0.92	0.55	0.56	0.518	0.541	0.659	0.688

注：1. 数据来源为 CGSS2005 年和 CGSS2015 年十年回顾的调查数据；2. 克朗巴赫系数变化（α if deleted）是指如果删除该项目，克朗巴赫系数的变化情况。

项目难度也即是条目的通俗性，一般是计算每个条目上高分群体与低分群体的平均值，项目难度的值一般介于0.2~0.8之间，我国居民福利态度遴选的9个条目项目难度较为合适。项目区分度又称鉴别度，是指调查问卷条目是否具有良好的区分度，一般计算的是高分组与低分组之间的差，项目区分度的值最好在0.3以上。从表3-4来看，以下条目："您认为政府是否应该或有责任提供人人有工作机会的福利？您认为政府是否应该或有责任提供人人有医疗保险的福利？您认为政府是否应该或有责任为老人提供生活保障的福利？"的区分度在2005年和2015年均小于0.2，从平均值的偏向来看，是因为整体上我国居民对福利的渴求十分强烈，均强烈同意政府应该提供以上的福利，确保居民拥有良好的生活保障、医疗水平、就业机会等。此外，项目应答率缺失较低，本研究的条目分析结果较为优良。

8个福利态度条目2005年的克朗巴赫系数为（Cronbach's α）0.715，样本量为10372，项目间相关性的均值为0.209；2015年的克朗巴赫系数为（Cronbach's α）0.744，样本量为10968，项目间相关性的均值为0.241。

三、我国居民福利态度指标体系的探索性因子分析

拟从CGSS十年回顾模块中遴选出如下8个条目测量我国居民福利态度，"（1）总的来说，您认为政府是否应该或有责任提供人人有工作机会的福利？（item105或item115）[①]""（2）总的来说，您认为政府是否应该或有责任提供人人有医疗保险的福利？（item205或item215）""（3）总的来说，您认为政府是否或有责任为老人提供生活保障的福利？（item305或item315）""（4）您对政府为患者提供医疗服务的满意度如何？（item405或item415）""（5）您对政府为老人提供适当的生活保障的满意度如何？（item505或item515）""（6）您对政府提供优质的基础教育的满意度如何？（item605或item615）""（7）您对政府部门秉公办事的满意程度如何？（item705或

---

① 同一题项2005年的调查标记为item105（1表示第一个调查条目，05表示2005年），2015年的调查标记为item115（1表示第一个调查条目，15表示2015年），见表3-4的编号。

item715）""（8）您对政府帮助穷人，维护社会公平的满意度如何？（item805 或 item815）"。8 个条目的相关关系如下（表 3-5）所示：

表 3-5　2005 年测量我国居民福利态度的 8 个条目相关关系

	item105	item205	item305	item405	item505	item605	item705	item805
item105	1.00							
item205	0.57	1.00						
item305	0.47	0.53	1.00					
item405	−0.06	−0.08	−0.07	1.00				
item505	−0.06	−0.04	−0.04	0.65	1.00			
item605	−0.03	−0.06	−0.01	0.51	0.51	1.00		
item705	−0.03	−0.02	−0.02	0.47	0.48	0.43	1.00	
item805	−0.04	−0.02	−0.04	0.43	0.43	0.40	0.59	1.00

　　首先利用 2005 年数据进行探索性因子分析，本文采用最大似然法，因为它有良好的统计性质。具体结果如表 3-6 所示，h^2 是公因子方差指的是因子对原变量的贡献，反映了全部潜在因子对变量的影响。从表 3-6 中可以看出，item505 被四个因子解释的比例最高为 66%；item605 被四个因子解释的比例最低为 41%。SS loadings 表示的是与因子相关联的特征值，一般因子分析确定的原则是特征值大于 1，三个因子的特征值分别为 1.86、1.58 和 1.06，故而三个潜在因子均应保留。然而，整体的三个潜在因子对指标的累积方差（Cumulative Var）解释度为 0.56，在社会科学领域，若是共同因素累计积累解释变异量在 50% 以上，因子分析结果是可以接受的（吴明隆，2010），这说明，对居民福利态度指标的测量还有待进一步挖掘，是值得进一步深入的议题，本文限于现有数据的局限，福利态度指标研究还可以进一步完善。而从整体来看，每个因子对整个数据集的解释程度（Proportion Explained）分别为 0.41、0.35、0.24。

表 3-6　2005 年我国居民福利态度 8 个条目的探索性因子分析结果

	ML1	ML2	ML3	h2	u2
item105	−0.03	0.71	−0.02	0.5	0.5
item205	−0.04	0.8	0.02	0.64	0.36
item305	−0.01	0.66	−0.02	0.44	0.56
item405	0.77	−0.07	0.22	0.65	0.35
item505	0.78	−0.03	0.23	0.66	0.34
item605	0.58	−0.02	0.28	0.41	0.59
item705	0.45	−0.01	0.59	0.55	0.4
item805	0.34	−0.02	0.73	0.65	0.43
SS loadings	1.86	1.58	1.06		
Proportion Var	0.23	0.2	0.13		
Cumulative Var	0.23	0.43	0.56		
Proportion Explained	0.41	0.35	0.24		
Cumulative Proportion	0.41	0.76	1		

注：利用 CGSS2005 年数据根据 R 软件结果整理；N＝10372。

采用最大方差正交旋转，8 个条目在不同潜在因子上具有明显的聚类，在因子分析中一般采用 0.5 原则，即当因子载荷大于或等于 0.5 时，就认为潜在因子支配指标变量（汪海波，2018）。如上表 3-6 所示，因子 1（ML1）在item405、item505 和 item605 这三项指标上具有较大的因子荷载，分别为 0.77、0.78、0.58，这三项反映的是居民对政府为患者提供医疗服务、养老保障、基础教育的满意度，表达了居民对政府福利行为的结果方向，可以归纳为福利态度的结果维度；因子 2（ML2）在 item105、item205 和 item305 这三项指标上具有较大的因子载荷，分别为 0.71、0.8 和 0.66，这三项指标反映的是居民对政府是否有责任保障人人就业、居民医疗服务和老人生活保障的态度，是居民对政府福利责任应该覆盖的广度和深度认知，可以归纳为福利态度的目标维度；因子 3（ML3）在 item705 和 item805 上具有较大的荷载分别为0.59 和 0.73，这两项条目表达的是居民对政府政策执行感知，是否"有效地帮助了穷人"和"是否秉公办事"，反映的是居民对政府公共政策执行公平性的认知，即居民对政府公共政策执行过程的认知，更多的是指居民在政府政策执行维度方面的认知，可以归纳为居民对政府福利递送的感知。所以，从探索性因子分析结果来看，我国居民的福利态度可以分为福利期望、福利递送和福利结果三个维度。

四、我国居民福利态度指标体系的验证性因子分析

CGSS2015 年的调查中针对 2005 年的社会心态模块做了一个十年回顾调查，本研究筛选的和居民福利态度相关的 8 个条目均在 2015 年再次调查，这为本文进行福利态度维度划分的探索性因子分析结果检验提供了可能，由此，本文利用 2015 年 CGSS 关于中国居民的社会态度调查中的相同 8 个条目进行验证性因子分析。

表 3-7　2015 年测量我国居民福利态度的 8 条条目相关关系

	item115	item215	item315	item415	item515	item615	item715	item815
item115	1.00							
item215	0.52	1.00						
item315	0.50	0.71	1.00					
item415	-0.04	-0.03	-0.03	1.00				
item515	-0.03	-0.01	-0.02	0.59	1.00			
item615	-0.02	0.01	0.02	0.49	0.50	1.00		
item715	-0.03	-0.04	-0.03	0.56	0.58	0.49	1.00	
item815	-0.02	-0.03	-0.02	0.52	0.49	0.47	0.60	1.00

根据前述理论基础及应用 CGSS2005 年的调查数据探索性因子分析结果，我国居民福利态度主要分为以下三个维度：福利期望、福利递送、福利结果。如表 3-8 所示，全部 8 个条目在其对应维度上的载荷均具有显著性（P＜0.05），测量结果对探索性因子分析的结果具有较好的验证，但就观测变量对潜在因子的回归系数而言，取值在 0~1 之间，越接近 1 表明观测变量对潜在因子测量得越准确。在福利结果维度三个变量的回归系数分别为 0.693、0.672 和 0.553，表明拟合程度较好；福利递送维度的两个变量的回归系数分

别为 0.761 和 0.679，拟合较好，但在福利期望维度三个变量虽然均较为显著，但拟合系数较低分别为 0.392、0.451 和 0.422，而就条目调查的内容而言，"总的来说，您认为政府是否应该或有责任为老人提供生活保障的福利？""总的来说，您认为政府是否应该或有责任提供人人有工作机会的福利？""总的来说，您认为政府是否应该或有责任提供人人有医疗保险的福利？"，这三项条目从现实层面而言，应该是具有高度的内在一致性的。为了说明三项条目的内在一致性，本文对这三项进行了探索性因子分析，结果如表 3-9 所示，三项条目之间具有较好的内在一致性，特征值高达 1.79，三项载荷分别为 0.6、0.86 和 0.82，均大于 0.5。所以，本研究继续保留了该条目作为反映我国居民福利态度的维度之一。因此，验证性因子分析结果表明，基于探索性因子分析的中国居民福利态度，福利期望、福利递送和福利结果三个维度的分析具有内在结构的一致性，不同维度划分较为合理，符合福利态度的多维度研究预期。

表 3-8　2015 年我国居民福利态度验证性因子分析结果

	福利期望	福利结果	福利递送
Item115	0.392		
	(0.006)		
Item215	0.451		
	(0.005)		
Item315	0.422		
	(0.005)		
Item415		0.693	
		(0.008)	
Item515		0.672	
		(0.008)	
Item615		0.553	
		(0.008)	

	福利期望	福利结果	福利递送
Item715			0.761
			(0.008)
Item815			0.679
			(0.009)
χ^2	136.54	df	17
CFI	0.996	RMSEA	0.026
TLI	0.994	SRMR	0.012

注：根据CGSS2015年数据基于R软件lavaan包计算结果整理；括号内为标准差；N=10319。

表3-9　2015年福利期望维度探索性因子分析结果

	ML1	h2	u2
item115	0.6	0.37	0.63
item215	0.86	0.75	0.25
item315	0.82	0.68	0.32
SS loadings	1.79		
Proportion Var	0.6		

注：根据CGSS2015年数据基于R软件lavaan包计算结果整理，N=10857。

相应地，验证性因子分析检验结果表明，比较拟合指数（Comparative Fit Index，CFI）为0.996，一般认为大于等于0.9拟合效果较好；Tucker-Lewis指数（Tukcer-Lewis Index，TLI）为0.994，一般认为要大于0.9，模型拟合效果较好；近似误差均方根（Root-mean-square error of Approximation，RMSEA）是评价模型不拟合的指数，RMSEA值为0.026低于0.1，模型拟合效果可以接受；标准化均方根残差（Standardized Root of the Mean Square Residual，SRMR）该指数测量的是预测相关和实际观察相关的平均残差，为0.012小于0.05，表明模型拟合较好。由于本研究是基于大样本的验证性因

子分析 χ^2/df 值较大。整体而言，验证性因子分析表明，针对我国居民福利态度研究多维度指标体系是符合理论和现实预期的。

五、我国居民福利态度因子得分

因子分析除了用于数据降维外，另一个重要的作用是应用因子分析模型计算因子得分，进而对研究对象进行综合评价。因为潜在因子是不能被直接观测到的理论变量，所以，只能通过现有可观测变量的估计，将潜在因子用可观测变量的线性组合表示。并且由于因子得分是对不可观测潜在因子的拟合，所以，并不能精确计算出因子得分，计算出的因子得分只是一种估计值。本文采取线性回归方法。设潜在因子 F 是由变量（item）表示的线性组合。则：

$$F_m = a_{m1}\, item_{m1} + a_{m2}\, item_{m2} + \cdots + a_{mn}\, item_{mn}\, (m < n)$$

上式中，n 表示可观测的变量的个数，m 代表因子数量。由此可计算出相应的公共因子得分。由此，根据每个因子的权重（w）可进一步计算因子的综合得分（Z_f）。计算方式如下：

$$Z_f = \sum_{m=1}^{m} w_m\, F_m$$

本文中采用因子的方差贡献率作为权重，2005 年三个因子的方差贡献率分别为：23%、20%、13%（表3-6）；2015 年三个因子的方差贡献率分别为：30%、22%、8%[①]。由此计算出我国居民福利态度的综合因子得分和不同维度的因子得分情况如下表3-10 所示：

[①]　根据 2015 年 8 个条目的探索性因子分析结果，三个因子的因子方差贡献率（Proportion Var）分别为：0.3、0.22、0.08。

表 3-10　2005 与 2015 年我国居民福利态度及各维度因子得分统计描述表

年份	维度	总观测值	均值	标准差	中位数	最小值	最大值	值域	偏度	峰度	标准误
2005	福利态度	9875	-0.01	0.29	-0.01	-0.76	0.8	1.56	0.03	-0.24	0
	福利期望	9875	-0.01	0.85	-0.04	-2	2.02	4.02	0.04	-0.49	0.01
	福利结果	9875	-0.03	0.81	-0.62	-0.74	2.66	3.4	1.2	0.7	0.01
	福利递送	9875	-0.01	0.76	-0.05	-1.67	2.04	3.72	0.1	-0.47	0.01
2015	福利态度	10319	-0.01	0.34	-0.01	-0.76	0.8	1.56	0.15	-0.4	0
	福利期望	10319	-0.01	0.88	-0.09	-2	2.02	4.02	0.2	-0.35	0.01
	福利结果	10319	-0.02	0.89	-0.48	-0.78	2.66	3.44	1.01	-0.32	0.01
	福利递送	10319	-0.01	0.8	-0.06	-1.67	2.04	3.72	0.52	-0.06	0.01

根据计算所得 2005 年和 2015 年中国居民福利态度及各维度的因子得分，其各维度的分布状况呈现明显的正态分布。如图 3-4 所示，2005 年我国居民总体福利态度、福利期望和福利递送维度呈现典型的正态分布，在福利结果维度上，呈现出左截尾的右偏正态分布形态。同时，利用分位数 Q-Q（Quantiles-Quantiles）分布检验 2015 年我国居民福利态度及各维度的分布状况（见图 3-5）也呈现典型的正态分布。

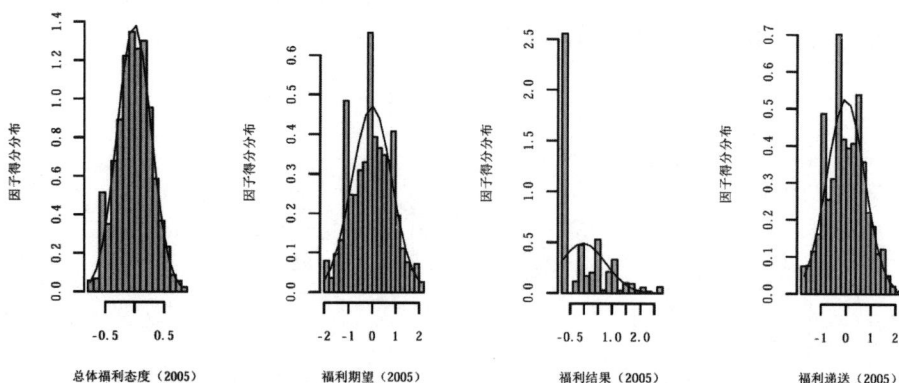

图 3-4　我国居民 2005 年福利态度及各维度因子得分直方图

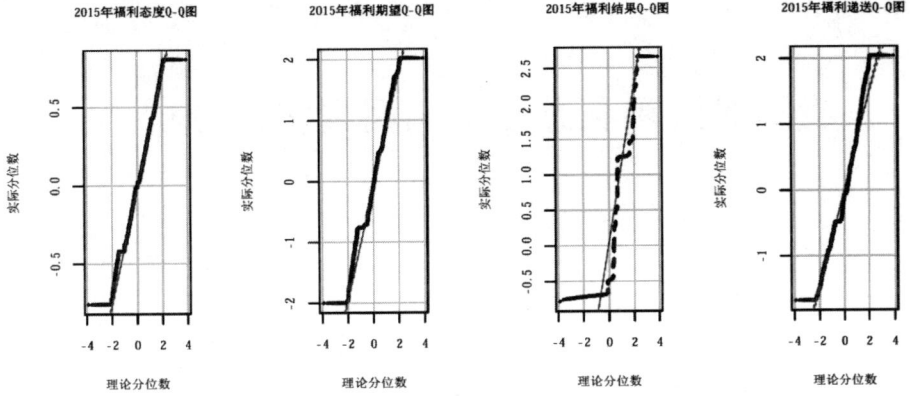

图 3-5 我国居民 2015 年福利态度及各维度分布的 Q-Q 图

第四章

我国居民福利态度影响因素实证分析

在传统的福利国家态度研究中，个体的福利态度被理解为取决于自我利益、意识形态信念以及由其所生活的社会制度框架决定（Chung et al.，2018），自艾斯平-安德森的开创性研究以来，过往的许多学者关注最多的影响因素是制度对个体福利态度的塑造，即公民所生活的福利国家制度的实际状况决定了他们对社会应达到何种程度的团结和强调何种正义原则的看法（Gelissen，2001），但制度并不是塑造个体福利态度差异的唯一因素（Larsen，2008）。不同国家的公众因其历史文化、身份认同甚至社会生活中参照物的不同而形成不同的正义、互惠与利他主义的观念。反过来，这些社会层面的文化与价值观又逐渐塑造个人的福利态度（Arikan & Bloom，2015；Marx & Nau-mann，2018；Mauldon et al.，2004；van Oorschot et al.，2012）。居民的福利态度受多重因素的影响，从个体因素、社会环境因素、制度因素、经济发展因素、福利政策因素等各个层面，不同研究者做了大量的工作，而不同影响因素的影响机制仍处于探索阶段。本研究拟从个体利益、社会环境、经济环境和福利制度四个维度分析我国居民福利态度的影响因素。

第一节　个体利益与我国居民福利态度

一、理论基础与研究假设

关于福利态度研究的文献似乎形成了一个程式化的理解（stylized scheme），即平等主义价值观和利己主义是福利态度的两个主要决定因素（Calzada et al.，2014）。由于福利态度的核心是"态度"问题，早期的研究认为个体的福利态度是由个体自我利益决定的（Hasenfeld & Rafferty，1989）。同时，社会心理学的研究也表明个体因素是态度形成的重要影响因素，个体的社会利益、价值观、制度等与福利态度相关因素均具有明显的个人主义倾向（Taylor-Gooby et al.，2019），因此，年龄、性别、价值观等个体因素导致的自利主义倾向是构成福利态度差异的重要影响因素（Ahn & Kim，2014；Daatland et al.，2012）。具有平等主义价值观的个体对福利政策的态度更为积极（Blekesaune，2003），更为深层次的心理解释可能是人类天生所具有的人道主义精神（Feldman & Steenbergen，2001）。但自利主义认为，那些目前从相关公共政策中受益或最有可能受益的人，将是最支持公共政策的，而那些认为自己将被要求为此付出代价的人，相应地减少其对福利政策的支持（Chung et al.，2018），如代际利益中老年人、幼儿及女性等对福利政策的偏好具有明显的语境性（Goerres & Tepe，2010）。

因此，个体对福利国家的态度根植于个人与国家或其他制度间的普遍价值体系中（Blekesaune，2003），安德瑞贝塔（Andreß，2001）按照个体与社会福利利益相关性把个体分为三种类型：第一，社会福利的接受者，他们对社会福利具有较强的依赖性，通常会支持国家福利建设；第二，社会福利的贡献者，这部分群体需要缴纳较多的税收或保险费用，但同时很少享受社会福利政策的照顾，应该对福利政策持消极态度；第三，社会福利的生产者，公共部门人员，如教育、社会工作者、医疗人员等直接参与社会福利生产的人，往往对社会福利国家的认同度较高。

同时由于当前社会中个体面临着许许多多的不确定性，个体对未来的流动性预期以及过去的经验会塑造个体对于工作和福利的态度，基于利己主义和应得性视角的研究表明，流动性越高的跨国青年居民对于福利态度支持的程度取决于不同方面的流动性维度，过去的经验相较于对未来的预期对个体福利态度的影响更为强烈（Schuck & Shore，2019）。同时基于英国长期的社会流动数据的研究也表明，尽管社会结构发生了巨大的变化，但较高水平的社会流动性会产生一种消极的福利态度，从英国历史上看，北方的社会流动性更高，福利支出更低，民众对再分配的接受程度也更低（Boberg-Fazlic & Sharp，2018）。

但基于个体特征对福利国家态度的分析结果极有可能是矛盾的，个体有可能一方面支持广泛的福利政策，同时十分重视机会公平。萨巴格等（Sabbagh & Vanhuysse，2006）以以色列学生为对象，研究其福利态度，结果显示学生群体的福利态度是极度矛盾的，这也说明，单一的个体特征对福利态度的解释是不稳定的。

个体利益是福利态度的主要决定因素之一（Baslevent& Kirmanoglu，2011；Calzada et al.，2014）。一方面，个体的客观或结构性特征，如年龄等决定了人们对福利国家的福利和服务的支持程度。一个经常得到证实的假设是，从社会福利中享受较多利益的群体对福利国家的安排和结果有更积极的态度和看法。所以，依赖福利国家的人，如妇女、老年人、低收入者、受教育程度较低的人、（半）公共部门的雇员、失业者和依赖社会福利的人，预期会有较高的福利态度，即个人在福利政策方面的经验往往会强化政府应该对福利负责的观念。另一方面，公民的福利观念很容易受到福利接受者是否值得（deservingness）享受福利的暗示（Petersen et al.，2012；Hansen，2019）。汉森（Hansen，2019）通过调查实验的研究证实了人道主义（Humanitarianism）价值观对个体福利观念的影响，在实际的社会福利运作中人们通常会对福利待遇领取者基于自身的利益去判断，即领取福利的人要么懒惰（不值得领取），要么运气不好（值得领取）。同时福利污名化和对福利接收者的负面刻板印象更多是与个体当前及对未来就业的预期以及失业人员是否重返就业岗位有关（Schofield & Butterworth，2018）。但同时就具体的个体利益特征对福利态度的影响研究并无一致结论，如对社会团结即福利态度有重要影响的代际利益的协调问题（Goerres & Tepe，2010）。

在个体利益特征中，不同年龄的群体之间福利态度的差异是既有文献关注的重要解释变量，既有文献一般多认为老年人具有更加积极的福利态度，更为支持政府的福利活动（Goerres & Tepe，2010）。主要根据个体经济利益角度和流动性预期理论来判断，一般年轻人由于享受到的社会福利服务与老年人相比较少，另外，年轻人对未来也更为乐观。所以，相对于老年人而言，年轻群体较为不支持政府的福利活动。但阿莱西纳和朱利亚诺（Alesina & Giuliano，2009）的研究认为，年龄与福利态度及再分配偏好呈现先上升后下降的倒"U"型关系，并对其解释为年轻群体特别是在 18 岁到 25 岁之间青年人是"易受影响年龄假说"（Impressionable Years Hypothesis），所以在这一阶段的青年人更具有积极的、公平感强烈的价值观和态度。除了重要的年龄代际差异影响外，其他个体利益因素如性别、婚姻、教育、健康水平等也会对个体的福利态度产生重要影响。除了个体特征的个人利益之外，在我国社会文化中住房是居民生活中十分重要的物质资本，也是个体利益物化的最重要表现，直接影响着居民的生活状态和社会态度，在我国住房是与个体利益息息相关，也应该是影响居民福利态度的重要因素。由此，依据相关文献及个体利益的理论基础，本研究作出如下假设。

假设 1 个体利益显著影响居民对社会福利的态度，具体个体利益变量与居民福利态度关系作出如下假设：

假设 1.1 与老年群体相比，青年群体更加不支持社会福利的扩张；

假设 1.2 与单身群体相比，已婚群体更加支持社会福利的扩张；

假设 1.3 自评健康水平与福利态度呈负相关，即健康水平越高，越不支持社会福利的扩张。

此外，其余重要的个体利益因素还包括受教育程度、性别、政治面貌特征等因素。

二、变量操作与描述性分析

个体利益变量主要包括个体年龄、性别、婚姻状况、健康水平和户籍等影响个体利益表达的因素，主要的个体利益变量情况如表4-1所示。

受教育程度。按照教育程度将不同居民的受教育程度分为小学及以下、初中、高中（包括职业高中）、专科、本科及以上等五类，以小学及以下的受教育水平为基准组，分别赋值为：1、2、3、4、5。

性别。以男性为基准组（男性为0，女性为1），2005年女性占比为52.37%；2015年女性占比为52.68%。

婚姻。在CGSS调查中，关于居民的婚姻状况调查主要包括以下情况：未婚、同居、初婚有配偶、再婚有配偶、分居、离婚等，根据实际数据情况主要分为两类未婚和已婚状况，由此将居民婚姻状况分为未婚和已婚两组，以未婚为基准组（未婚为0，已婚为1）。

健康水平。主要是指居民的自评身体健康状况，按照居民的回答将其区分为：不健康、一般、健康三组，分别赋值为：1、2、3，以身体不健康的居民组为基准组。

政治面貌。CGSS调查中居民的政治面貌分为：群众、共青团员、民主党派和共产党员，按照实际情况，将变量操作化为共产党员和非共产党员两组，以是共产党员的为基准组（为0），2005年调查数据中共党员占比为：11.03%，2015年调查数据中共党员占比为：10.6%。

户籍。CGSS调查中2005年居民户口性质分为：城镇有效常住户口、当地有效城镇户口、农业户口等情况，居民状况分为：农业户口、非农业户口、蓝印户口、居民户口（以前是农业户口）、居民户口（以前是非农业户口）、军籍等情况，其中除了农业户口和非农业户口外，其他占比极少，所以，本文将居民户籍情况分为农业户口和非农业户口两大类，其中以非农业户口为基准组（等于0）。2005年非农业户口居民占调查总体的56.88%，2015年农业户口居民占调查总体的56.34%。

区域。由于各个区域的样本及样本抽取的省份非平衡，所以，仍按照关于我国经济发展研究的经典区域划分将 28 个省份分为东、中、西部①，其中基于是否沿海把辽宁划分到东部地区，吉林和黑龙江划分到中部地区。东部、中部和西部分别为 1、2、3，以东部地区为基准组，经济发展水平从东部到西部逐渐递减。其中 2005 年东部地区样本为 4455，占比为 37.67%，中部地区样本为 2948，占比为 24.93%，西部地区样本为 4422，占比为 37.4%；2015年东部地区样本为 4095，占比为 40.42%，中部地区样本为 3635，占比为 35.88%，西部地区样本为 2401，占比为 23.7%。而依据统计年鉴的人口数据计算可知，2005 年我国东、中、西部人口比重分别为 39.62%、32.45% 和 27.93%；2015 年我国东、中、西部人口比重分别为 42.44%、32.11% 和 25.46%②，由此，后续地区分组回归分析中以我国人口统计年鉴中不同地区所占比重进行加权调整，相应地，2005 年东、中、西部权重分别为：1.052、1.302、0.747；2015 年东、中、西部权重分别为：1.05、0.895、1.074。

表 4-1　个体利益相关变量的描述性统计表

变量名	年份	N	平均值	标准差	中位数	最小值	最大值
年龄	2005	9875	44.66	14.79	43	18	94
	2015	10319	50.16	16.88	50	18	95
教育	2005	9842	2.16	1.15	2	1	5
	2015	10192	2.26	1.3	2	1	5
性别	2005	9875	0.52	0.5	1	0	1
	2015	10319	0.53	0.5	1	0	1
婚姻	2005	9873	0.91	0.29	1	0	1
	2015	10319	0.89	0.31	1	0	1

---

① 东、中、西部分别为：东部：上海、北京、天津、山东、广东、江苏、河北、浙江、福建、辽宁和海南；中部：吉林、安徽、山西、江西、河南、湖北、湖南和黑龙江；西部：云南、内蒙古、四川、宁夏、广西、甘肃、贵州、重庆、陕西、青海、西藏和新疆，划分依据参考中华人民共和国 2019 年国民经济和社会发展统计公报 http://www.stats.gov.cn/tjsj/zxfb/202002/t20200228_ 1728913.html。

② 该数据来源于 2005 年和 2015 年中国人口统计年鉴计算整理而得。

变量名	年份	N	平均值	标准差	中位数	最小值	最大值
健康水平	2005	9875	2.46	0.74	3	1	3
	2015	10315	2.58	0.55	3	1	3
政治面貌	2005	9875	0.89	0.31	1	0	1
	2015	10281	0.89	0.31	1	0	1
户籍	2005	9849	0.56	0.5	1	0	1
	2015	10309	0.44	0.5	1	0	1
区域	2005	9875	1.8	0.81	2	1	3
	2015	10319	1.85	0.79	2	1	3

数据来源：基于 CGSS（2005）和 CGSS（2015）数据的整理。

在个体利益视角下的年龄变量从下图 4-1 中可以看出与我国居民福利态度呈现反向关系，即随着年龄的增长，我国居民福利态度逐渐更为消极，这一现象与目前的西方福利态度研究呈现相反的现象。在理论认知中，老年群体的福利态度更为积极，因为随着老年群体劳动体能与技能的丧失变成社会的弱势群体，对福利的渴望更为强烈。然而从目前的数据现象来看，我国居民随着年龄的上升，整体居民福利态度是呈现下降趋势的。除了在福利结果维度不同年龄段居民的态度差异不显著外，在福利期望和福利递送维度，老年群体的态度都更为消极，这与目前西方的研究结论并不一致，至于结果的可信性需要进一步地实证分析。

三、实证结果分析

由于我国居民福利态度因子得分呈现典型的正态分布（见图 3-4 和 3-5），所以，本文采用对模型条件要求最少的经典普通最小二乘法（OLS）验证我国居民个体利益与其福利态度的变化，实证结果见下表 4-2 所示。

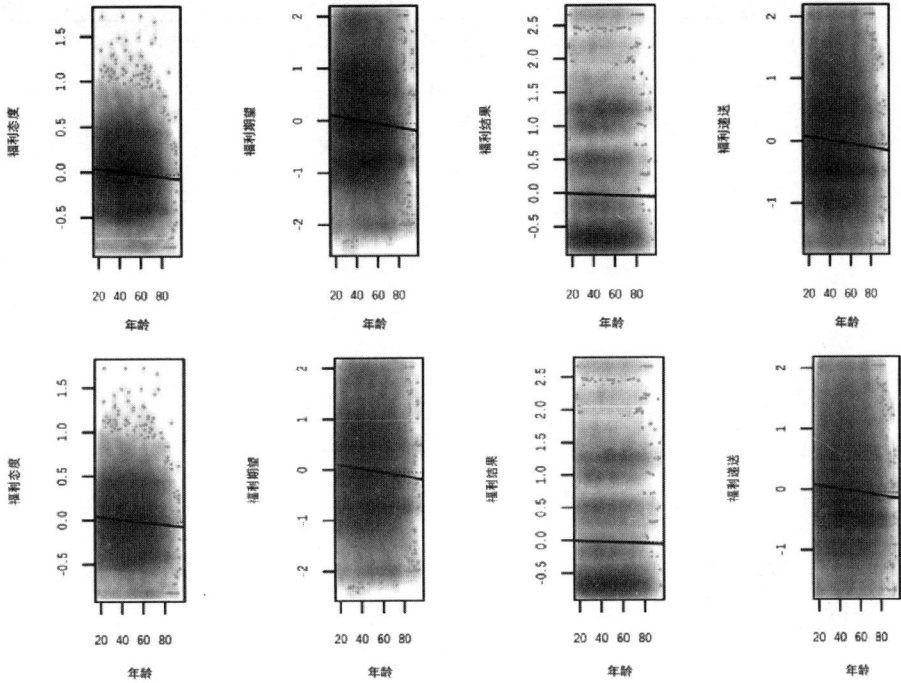

图4-1 不同年龄居民福利态度变化的核密度分布

表4-2 个体利益与居民福利态度回归结果

个体利益变量	2005				2015			
	福利态度	福利期望	福利结果	福利递送	福利态度	福利期望	福利结果	福利递送
	（1）	（2）	（3）	（4）	（5）	（6）	（7）	（8）
年龄	-0.001***	-0.001	-0.002**	-0.002**	-0.002***	-0.006***	-0.001	-0.005***
	（-0.0002）	（-0.001）	（-0.001）	（-0.001）	（-0.0003）	（-0.001）	（-0.001）	（-0.001）
教育	0.005	0.024**	-0.017*	0.024***	0.016***	0.084***	-0.045***	0.005
	（-0.003）	（-0.009）	（-0.009）	（-0.008）	（-0.004）	（-0.009）	（-0.009）	（-0.008）
性别	0.003	0.029	0.0004	-0.026*	-0.014**	-0.037**	0.01	-0.052***
	（-0.006）	（-0.018）	（-0.017）	（-0.016）	（-0.007）	（-0.018）	（-0.018）	（-0.016）
婚姻	0.029***	0.111***	-0.031	0.076**	0.023*	0.072**	-0.02	0.069**
	（-0.011）	（-0.033）	（-0.032）	（-0.030）	（-0.013）	（-0.031）	（-0.032）	（-0.029）

续表

个体利益变量	2005				2015			
	福利态度	福利期望	福利结果	福利递送	福利态度	福利期望	福利结果	福利递送
	(1)	(2)	(3)	(4)	(5)	(6)	(7)	(8)
健康水平	-0.013***	-0.071***	0.050***	-0.051***	-0.025***	-0.074***	-0.003	-0.016
	(-0.004)	(-0.012)	(-0.012)	(-0.011)	(-0.007)	(-0.017)	(-0.017)	(-0.015)
政治面貌	0.01	-0.027	0.036	0.066**	0.021*	0.090***	-0.04	0.033
	(-0.010)	(-0.029)	(-0.028)	(-0.026)	(-0.012)	(-0.030)	(-0.031)	(-0.028)
户籍	-0.013*	0.040**	-0.177***	0.110***	0.017**	0.115***	-0.102***	0.041**
	(-0.007)	(-0.020)	(-0.019)	(-0.018)	(-0.008)	(-0.020)	(-0.021)	(-0.019)
区域：西部	-0.012	-0.004	0.013	-0.102***	-0.044***	-0.265***	0.169***	-0.045**
	(-0.007)	(-0.022)	(-0.021)	(-0.019)	(-0.009)	(-0.023)	(-0.024)	(-0.021)
区域：中部	-0.012*	-0.024	-0.004	-0.041**	-0.016*	-0.099***	0.067***	-0.02
	(-0.007)	(-0.02)	(-0.019)	(-0.018)	(-0.008)	(-0.021)	(-0.021)	(0.019)
截距项	-0.017	-0.107	0.219**	-0.295***	0.041	-0.177	0.384***	0.048
	(-0.035)	(-0.103)	(-0.098)	(-0.092)	(-0.044)	(-0.110)	(-0.112)	(-0.102)
N	9,836	9,836	9,836	9,836	10,245	10,245	10,245	10,245
R^2	0.003	0.007	0.018	0.01	0.019	0.043	0.01	0.011
Adjusted R^2	0.002	0.006	0.018	0.01	0.018	0.042	0.009	0.01
残差标准误	0.288	0.847	0.807	0.755	0.35	0.865	0.882	0.799
F统计量	3.619***	9.638***	26.402***	14.835***	27.580***	65.520***	14.813***	15.973***

注：* $p<0.1$，** $p<0.05$，*** $p<0.01$。

年龄。整体福利态度维度。2005 年我国居民的年龄特征与福利态度呈现负相关关系，即年龄越大，居民的福利态度越为消极。2015 年数据分析的结果同样表明，我国居民随着年龄的增加居民的福利态度越为消极，且从回归的系数对比来看，似乎十年间的这种差异不断增大（后续进一步对比分析）。福利期望维度。2005 年居民年龄差异和福利态度相互关系并不显著，2015 年我国居民的年龄特征与福利态度呈现负相关关系，即在 2015 年随着年龄的增加，居民对福利扩张的渴望是下降的。福利结果维度。2005 年的回归结果表明，2005 年居民年龄特征与福利结果的满意度也呈现负相关关系，即随着居民年龄的增加，对政府福利活动结果的满意度是下降的；2015 年的结果同样表明如此。福利递送维度。2005 年居民年龄特征与福利递送的相关关系并不显著，但在 2015 年随着年龄的增加居民对政府福利递送的满意度依然是下降的，即呈现显著负相关关系。

教育。整体福利态度维度。整体来看随着教育水平的提高，居民的整体福利态度是积极上升的。但 2005 年的数据结果并不显著，2015 年数据分析的结果表明，我国居民随着受教育水平的提高，居民的福利态度是显著上升的。福利期望维度。2005 年居民受教育水平和福利态度相互关系呈现正相关关系，即居民受教育水平越高，对福利扩张的期望越强烈；2015 年的数据结果一致，且从回归系数来看，对福利的渴望越发强烈。福利结果维度。2005 年与 2015 年的回归结果均表明，居民受教育水平与福利结果的满意度呈现显著负相关关系，即随着居民受教育水平的提升，居民对政府福利活动结果的满意度是下降的，且满意度水平的下降有扩大的趋势。福利递送维度。2005 年与 2015 年的回归结果均表明，居民受教育水平与福利递送满意度的感知呈现显著正相关关系，即随着居民受教育水平的提升，居民对政府福利递送的满意度是上升的，但对政府福利递送的满意度水平有下降的趋势。

性别。我国居民性别与福利态度相关性。2005 年除了在福利期望维度上通过显著性水平检验外，其他维度均不显著；但 2015 年福利态度各个维度上，男性和女性之间的福利态度差异均十分显著。整体福利态度维度。2015 年的数据表明，以男性为基准组来看，女性整体的福利态度是低于男性的。福利期望维度。2005 年与男性相比，女性对福利的渴望更为积极，有意思的是 2015 年男性与女性的福利期望差异完全相反，2015 年男性的福利渴望反而高于女性。2005 年和 2015 年的数据表明，男性和女性在对政府福利结果的满意上差异并不显著。福利递送维度。2015 年的回归结果均表明，男性对政府福利递送的满意度感知低于女性，即男性感到政府福利政策执行效率更低。

婚姻。我国居民婚姻状况与福利态度相关性，在 2005 年数据和 2015 年数据中呈现一致的结果，得到了较好的交叉验证，除了福利结果已婚群体和未婚群体之间差异不显著外，其余维度已婚群体的态度均高于未婚群体。

健康水平。居民健康水平以健康条件较差的群体为基准组，随着居民健康状况的提升，居民的福利态度显著下降，即居民的健康水平越好，越不支持政府的福利活动，更希望较少政府的福利开支活动，是个体利益与福利态度的典型体现。2005 年数据和 2015 年数据较为一致地验证了此结论。

政治面貌。除了 2015 年的数据表明，非共产党员的福利期望高于共产党员外，其余福利态度维度上，居民是否为中共党员整体上与福利态度之间的关系并不显著。这表明，在我国居民在现实生活中，是不是共产党员对中国居民的福利态度与福利制度安排的态度上影响较弱。

户籍制度。实证结果检验了 2005 年和 2015 年户籍制度在福利态度维度、福利期望维度、福利结果维度和福利递送维度上对中国居民态度的影响。整体福利态度维度。2005 年从整体福利态度维度来看，农业户口与非农业户口的居民福利态度并无显著差异。2015 年在整体福利态度维度上，以非农业户口为基准组，我国农业户口的居民福利态度显著高于非农业户口的居民。福利期望维度。以非农业户口的居民为基准组，2005 年，在对福利期望的维度上，农业户口居民的福利渴望显著低于非农业户口居民，而有意思的是，到 2015 年农业户口居民的福利期望高于非农业户口的居民，即十年间不同户籍下的居民福利态度发生了逆转性的变化。福利结果维度。以非农业户口的居民为基准组，2005 年，在福利结果的维度上，农业户口居民对政府福利活动结果的满意度显著高于非农业居民，同样有意思的是，到 2015 年农业户口居民的福利结果满意度显著低于非农业户口的居民，即不同户籍下的居民对政府福利活动的满意度十年间发生了巨大变化。福利递送维度。以非农业户口的居民为基准组，2005 年，在福利递送维度上，农业户口居民在对政府福利政策执行的递送过程中满意度显著低于非农业户口居民，而同样有意思的是，到 2015 年农业户口居民的福利递送满意度高于非农业户口的居民，即十年间不同户籍下的居民在对政府福利递送过程中的满意度发生了逆转性的变化。显然，户籍制度的分割造成了城乡之间居民福利态度的巨大差异，制度不平等塑造了居民的态度差异。整体而言，城乡居民之间的福利态度差异十分复杂，随着时间的变化不同制度下的居民福利态度变化也是多样的。

区域差异。实证分析同样检验了影响个体利益的区域差异变量 2005 年和2015 年对居民在福利态度维度、福利期望维度、福利结果维度和福利递送维度上对我国居民态度的影响，以东部地区为基准组。

整体福利态度维度。从整体上而言，我国经济发展水平与居民福利态度呈现负相关关系，即经济发展水平越低，福利态度越高。2005 年模型与 2015年模型检验的结果一致，显著地验证了经济发展水平和居民福利态度之间的关系。福利期望维度。2005 年，在福利期望的维度上，经济发展水平区域之间的差异并不显著；但在 2015 年区域发展水平和居民福利期望之间的负相关关系较为显著，即相比较于东部地区而言，随着经济发展水平的下降，该区域居民的福利态度是呈现上升趋势的。福利结果维度。2005 年，在福利结果维度上，区域经济发展水平与居民福利结果的满意度之间的差异同样不显著，但到 2015 年，区域经济发展水平与居民福利结果的满意度之间的差异呈现正相关关系，即区域发展水平越低，该区域居民对政府福利活动的结果越为满意。福利递送维度。2005 年和 2015 年在区域发展水平差异之间，区域经济发展不平衡和居民对政府福利递送的满意度之间呈现负相关关系，即经济发展水平越低，居民对政府福利政策执行的状况的满意度越高。

四、模型检验与修正

(一) 多重共线性

不同模型的方差膨胀因子如表 4-3 所示，不同变量的 VIF（Variance Inflation Factor，方差膨胀因子）均小于 4，模型并不存在多重共线性问题，能够较为合理地进行模型结果的解释。

表4-3 回归模型方差膨胀因子

	VIF	年龄	教育	性别	婚姻	健康水平	政党	户籍制度	区域
2005	模型1	1.520	1.627	1.077	1.238	1.160	1.161	1.540	1.044
	模型2	1.520	1.627	1.077	1.238	1.160	1.161	1.540	1.044
	模型3	1.520	1.627	1.077	1.238	1.160	1.161	1.540	1.044
	模型4	1.520	1.627	1.077	1.238	1.160	1.161	1.540	1.044
2015	模型5	1.684	1.887	1.051	1.251	1.157	1.194	1.469	1.160
	模型6	1.684	1.887	1.051	1.251	1.157	1.194	1.469	1.160
	模型7	1.684	1.887	1.051	1.251	1.157	1.194	1.469	1.160
	模型8	1.684	1.887	1.051	1.251	1.157	1.194	1.469	

（二）异方差图示检验

从图4-2（图4-2上半部分为模型1-4，下半部分为模型5-8）可以看出，不同模型的拟合曲线近似呈水平线，且不同点在拟合线两边呈现较为均匀的分布。除了2005年模型1、模型4和2015年模型6残差近似呈现"喇叭图"外，整体上模型较为稳定，异方差问题影响较小。

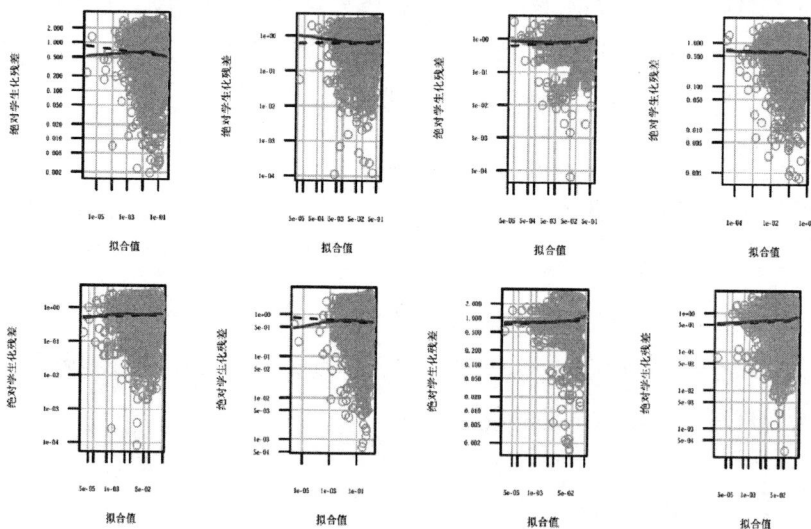

图4-2 模型残差拟合分布水平

（三）逐步回归的模型检验

不同福利态度维度下的全模型逐步回归检验的结果如表4-4所示，纵观全部模型的 AIC（Akaike Information Criterion，赤池信息准则）变化，"可能"需要剔除的变量大多集中在居民个体利益特征上（全模型的左半部分），如性别、教育、婚姻状况等解释变量，正如前文所分析的，这些部分反映居民个体特征的解释变量在不同模型中的显著性存在明显差异。但由于这些不同的个体特征反映了居民个体利益的不同维度，且 AIC 在剔除这些变量后，数值变化较小（最大为2），所以，对全模型的变量均作保留，以更为全面地反映我国居民福利态度的影响因素。

表 4-4　模型逐步回归的 AIC 检验

2005模型1	去除变量	教育程度	性别	户籍制度	全模型	健康水平	婚姻	区域	年龄	
	自由度	1	1	1		1	1	1	1	
	平方和	0.082	0.1023	0.1391		0.2342	0.3734	0.4888	0.7517	
	RSS	644.83	644.85	644.88	644.74	644.98	645.12	645.23	645.5	
	AIC	−21297	−21297	−21296	−21296	−21295	−21293	−21292	−21288	
2005模型2	去除变量	户籍制度	区域	全模型	政党	性别	婚姻	健康水平	教育	
	自由度	1	1		1	1	1	1	1	
	平方和	0.033	0.048		1.481	2.011	3.458	7.446	8.056	
	RSS	5773.5	5773.5	5773.4	5774.9	5775.4	5776.9	5780.9	5781.5	
	AIC	−3035.1	−3035.1	−3033.1	−3033	−3032.2	−3030.1	−3024.4	−3023.5	
2005模型3	去除变量	婚姻	性别	区域	政党	全模型	健康水平	教育	年龄	户籍制度
	自由度	1	1	1	1		1	1	1	1
	平方和	0	0.265	0.283	0.489		3.46	6.829	6.981	20.664
	RSS	5236.3	5236.6	5236.6	5236.8	5236.3	5239.8	5243.1	5243.3	5257
	AIC	−3846.7	−3846.2	−3846.2	−3845.9	−3844.7	−3841.1	−3835.8	−3835.6	−3813.8

续表

	去除变量	性别		婚姻	政党	教育	健康水平	年龄	户籍制度	区域
2005 模型4	自由度	1	全模型	1	1	1	1	1	1	1
	平方和	0.7		2.428	2.536	2.642	3.897	4.578	14.759	16.294
	RSS	4504.2	4503.5	4505.9	4506	4506.1	4507.4	4508	4518.2	4519.8
	AIC	−5101.4	−5100.7	−5098.2	−5098	−5097.8	−5095.5	−5094.2	−5075.4	−5072.6
	去除变量	户籍制度	政党	教育	全模型	婚姻	健康水平	性别	区域	年龄
2015 模型5	自由度	1	1	1		1	1	1	1	1
	平方和	0	0.129	0.139		0.249	0.43	0.577	0.966	5.25
	RSS	963.35	963.48	963.49	963.35	963.6	963.78	963.93	964.32	968.6
	AIC	−19937	−19936	−19936	−19935	−19935	−19933	−19932	−19928	−19889
	去除变量	婚姻	全模型	户籍制度	政党	健康水平	性别	教育	年龄	区域
2015 模型6	自由度	1		1	1	1	1	1	1	1
	平方和	1.14		2.94	3.41	3.73	5.81	16.46	31.92	58.62
	RSS	5995.5	5994.4	5997.3	5997.8	5998.1	6000.2	6010.8	6026.3	6053
	AIC	−3567.9	−3567.6	−3565.3	−3564.5	−3564.1	−3561	−3545.1	−3522.1	−3482.5
	去除变量	婚姻	健康水平	性别	年龄	政党	全模型	户籍制度	教育	区域
2015 模型7	自由度	1	1	1	1	1		1	1	1
	平方和	0.006	0.038	0.184	0.866	1.021		7.464	14.381	38.007
	RSS	6857.9	6858	6858.1	6858.8	6859	6857.9	6865.4	6872.3	6895.9
	AIC	−2364.7	−2364.7	−2364.5	−2363.6	−2363.4	−2362.7	−2355	−2345.9	−2315.2
	去除变量	教育	健康水平	政党	区域	户籍制度	全模型	婚姻	性别	年龄
2015 模型8	自由度	1	1	1	1	1		1	1	1
	平方和	0.006	0.088	0.492	0.716	1.066		2.057	4.965	28.18
	RSS	5642.2	5642.2	5642.6	5642.9	5643.2	5642.2	5644.2	5647.1	5670.3
	AIC	−4111.8	−4111.7	−4111	−4110.7	−4110.1	−4109.8	−4108.5	−4103.9	−4067.2

第二节　社会差异与我国居民福利态度

是什么激发了我们的福利态度？赛奇威（Sachweh，2018）利用欧洲晴雨表数据，分析了个体失业、同事或熟人失业与福利态度之间的关系，发现在自由主义的英国，公众对公共福利的需求与个人的失业紧密相关。在积极进行经济危机干预的社会民主主义国家——瑞典，公众对更高福利的需求与熟人是否失业有紧密关联。因此，福利态度不仅受个体自利主义的影响，也会受到社会成员、传统观念与社会价值以及群体间交互的影响（Chung et al.，2018）。如在强调平均主义和嵌入性的社会中，个人更支持社会保险和增加福利支出，并倾向于更积极地评估福利政策（Arikan & Bloom，2015）。因此，不同的社会情景及社会互动因素是激发个体福利态度的重要因素。

社会差异影响社会的团结，所以是影响福利国家发展的重要因素（Baldwin，1990），也可以说是不同社会群体间的福利态度差异形塑了福利社会政策的发展。最早将社会差异因素纳入对福利态度影响研究的斯瓦尔福斯，他通过实证分析评估了不同国家居民对再分配和收入差异的态度是否是因为制度类型的不同而导致的社会差异决定的。研究结果表明，各国居民的福利态度基本类似，但不同社会群体对福利的态度是不一样的（Blekesaune，2003），甚至群体内部之间的福利态度也是存在巨大差异的，如在自由主义国家，收入较低的群体并不是都强烈支持社会凝聚的（social cohesion），在某些情况下，甚至处于中高收入的群体对福利国家的赞同程度更高（Larsen，2011）。比较福利国家的研究认为，不同的福利国家结构会产生不同的福利支持特征。社会福利支持因福利项目类型的不同而异（Matthews & Erickson，2008）。所以，社会差异是影响居民福利态度的重要因素，我国改革开放以来，社会环境发生了翻天覆地的变化，以我国市场经济转型为背景考察我国居民福利态度的变化对于福利社会发展研究具有重要意义。

一、我国居民社会差异的理论与现实

社会差异是社会科学特别是社会学家观察人类社会最重要的武器之一，是社会学永恒的研究议题。新韦伯主义分析的范式认为个人之间的社会差异是由"市场、工作和个人身份"三个因素构成的，市场指个人与市场的关系，获得经济收入的能力；工作主要是指个人在工作中的价值与重要性；身份也主要是指个人的社会经济地位。这种以经济社会关系为基础，把个体间的社会差异置于市场中深入观察的理论视角为我国转型时期社会差异的研究提供了理论借鉴。

我国自改革开放以来，社会处于快速转型时期，政府主导的高度集中化的再分配开始逐步让渡于市场机制，这种"松动"引发的社会变迁对社会科学来说是一个巨大的"惊喜"，吸引了众多海内外学者的观察与解读。倪志伟（Nee，1989）基于对中国社会转型的观察认为，我国改革开放以来，在再分配机制逐渐被市场化机制替代的过程中，市场机制带来了更多的平等化效应。但边燕杰和罗根（Bian & Logan，1996）得出完全相反的结论，认为再分配制度是具有惯性的，我国虽然进行着如火如荼的市场经济改革，但单位制的再分配模式并没有发生根本性的变化，市场转型中社会差异的演化存在着路径依赖。随着市场经济改革的深入，宋时歌曾提出"权利转换的延迟效应"，市场改革创造了一个新的再分配环境，单位制的分配系统依然保有资源，同时也可以向市场机制转换，社会变迁的影响开始逐步扩散（宋时歌，1998），形成一种"渐进式改革"的步调（孙立平，2002）。由此，在原来的社会结构体制中"内源"地塑造着我国社会的差异与变迁。当然，社会差异变迁的逻辑是复杂的，在我国情境中还有户籍、人口流动、不平等等因素综合交织在市场转型的过程中（Wu，2019）。

对我国社会差异的分类研究中，最知名的莫过于陆学艺等学者利用社会调查数据以职业为基础的分类，以权力资源、经济状况和文化占有状况为标准，将我国社会差异划分为十大群体：国家与社会管理者群体、经理人员群体、私营企业主群体、专业技术人员群体、办事人员群体、个体工商户群体、商业和服务业人员群体、产业工人群体、农业劳动者群体以及城乡无业失业半失业人员群体（陆学艺，2002）。采取利益相关的社会差异分类，采用直观的形式概述我国社会转型的特点，但是这种区分方式过于简单，适合静态的区分，但很难表达群体内部的特征是否完全一致，不能很好地区分出社会差异的动态特征。

我国改革开放以来，社会变迁的深刻原因在于市场机制重构着社会格局，但这种变迁与塑造的逻辑是十分复杂的，共识性的社会差异变迁理论尚未形成。本研究基于中国社会综合调查数据（CGSS）打算从两个维度呈现我国居民间的社会差异，分别为不同收入群体的差异、主观自我认同的差异。不同收入群体。这种划分标准虽然没有较强的理论基础，但应用最为广泛，原因在于比较容易操作，具有较强的应用价值，我国国家统计局每年公布的不同群体收入户的数据，即按照此种分类标准。主观自我认同的差异。社会差异间区分的重要维度之一是人与人之间的主观评价，主观自我认同是居民社会心态的真实映照，当然，主观自我认同的评价相对也是容易变动的，甚至出现"失真"现象，但并不影响其作为我们了解社会差异的重要维度之一。

二、不同收入群体的差异及其福利态度

（一）我国居民不同收入群体的差异

我国国家统计局以三口之家的核心家庭年收入 6 万—50 万元作为中产群体的标准。"中产"首先是一个财产概念，收入作为中产群体划分标准的重要性和合理性毋庸置疑，国内学者也尤其倾向于使用收入指标作为划分中产群体的标准（李春玲，2005）。由于中产群体是工业化和城市化的产物（李培林和张翼，2008），因此本研究将收入群体差异的研究对象限定于我国的城镇居民，参照李培林和张翼（2008）利用收入对我国居民中产群体的操作化处理如下：以城镇居民的平均收入线作为基准参照，把高于平均收入 2.5 倍及以上的收入群体定义为"高收入群体"，把低于平均收入线 50% 及以下的收入群体定义为"低收入群体"；把低收入的上限到平均线之间者定义为"中低收入群体"；把平均线以上到平均线的 2.5 倍的人群定义为"中等收入群体"。在

对数据处理过程中，由于高收入者在整个中国综合社会调查中所占比重很小，所以将其并入"中等收入群体"之中。

根据对中国综合社会调查（CGSS）2005 年的数据测算可知，2005 年我国城镇居民人均收入为 12172 元，由上述对中等收入群体、中低收入群体和低收入群体的定义可得，2005 年我国城镇居民人均收入在 12173 元及以上的为中等收入群体，在 6087～12172 元之间的为中低收入群体，在 6086 元及以下为低收入群体。2015 年我国城镇居民人均收入为 42451.53 元，由此，本研究将 2015 年城镇居民的收入群体划分标准设置如下：收入在 21225 元以下的为低收入群体、收入在 21226～42452 元之间为中低收入群体、收入在 42453 元及以上的为中等收入群体。同时，根据中国综合社会调查测算，我国城镇居民十年间的平均收入快速增长，从 2005 年的 12172 元到 2015 年的 42451.5 元，大约增长了 3.49 倍。2005 年，我国低收入群体占比约为 36.94%，中低收入群体占比约为 33.1%，中等收入及以上收入群体占比约为 29.96%；十年后的 2015 年，中国综合调查数据显示低收入群体占比约为 41.87%，中低收入群体占比约为 32.37%，中等收入及以上的群体占比约为 25.76%，由此可知，十年间我国城镇居民低收入群体的比重略有上升，而中等收入以上群体的比重有所下降，基于不同收入群体的差异来看，我国 2005～2015 年间收入不平等现象略有上升趋势（如表 4-5 所示）。

表 4-5 2005 年和 2015 年我国城镇居民收入差异分类

年份	平均线（元）		低收入群体上限	中低收入群体	中等收入群体
2005	12172	区分标准	6086	6087～12172	12173 及以上
		占比	36.94%	33.10%	29.96%
		N	5634	5634	5634
2015	42451.5	区分标准	21225	21226～42452	42453 及以上
		占比	41.87%	32.37%	25.76%
		N	5746	5746	5746

注：数据来源于 2005 年和 2015 年中国综合社会调查（CGSS）。

（二）不同收入群体间的福利态度差异

在我国转型时期，以市场经济为导向的改革开放，促进了我国经济的持续增长，但与此同时，居民之间的收入差异也逐渐拉大，社会再分配的利益格局发生了重大变革。不同收入群体间的福利态度是否具有显著差异是本研究关切的重要内容之一。本节拟采用单因素方差分析不同收入群体间的福利态度差异。

单因素方差分析即是比较不同类别下多个组别之间因变量的均值差异。在应用单因素方差分析前需要确保样本的随机性，样本因变量的正态分布与不同总体的方差齐性。如前所述，福利态度总体维度及各具体维度均呈现典型的正态分布情形。另外，在进行方差分析前，还需进行方差齐性的检验，对假定不同收入群体间居民福利态度是方差齐性的检验结果如表4-6所示，Bartlett 检验结果表明除了在 2015 年福利结果和福利递送维度上，其余收入群体均接受方差齐性假定（p>0.05），即不同收入群体的方差并没有显著不同。进一步对 2015 年福利结果和福利递送维度进行 Kruska-Wallis 检验表明，2015 年不同收入群体间的福利结果维度差异显著（p<0.05），但在收入递送维度，不同收入群体间居民福利态度的差异并不显著。

表4-6 我国居民收入差异的方差齐性检验结果

检验方法			Bartlett 检验			Kruska-Wallis 检验		
福利态度维度	收入差异	年份	K-方	自由度	P 值	卡方	自由度	P 值
福利态度	收入差异	2005	1.286	2	0.526	--	--	--
	收入差异	2015	5.683	2	0.058	--	--	--
福利期望	收入差异	2005	1.276	2	0.528	--	--	--
	收入差异	2015	4.661	2	0.097	--	--	--
福利结果	收入差异	2005	5.445	2	0.066	--	--	--
	收入差异	2015	14.753	2	0.001	24.824	2	0.000
福利递送	收入差异	2005	0.900	2	0.638	--	--	--
	收入差异	2015	8.977	2	0.011	4.369	2	0.113

表4-7 提供了不同收入群体间居民福利态度差异的方差分析结果，其中

在 2005 年福利态度和福利结果维度以及 2015 年福利递送维度，不同收入群体间居民的福利态度差异并不显著，其他维度上不同收入群体间居民的福利态度差异十分显著。

表 4-7 2005 年和 2015 年我国不同收入群体间居民福利态度的差异

维度	年份	收入差异	自由度	平方和	均方差	F 值	P 值
福利态度	2005	收入差异	2	0.3	0.12617	1.684	0.186
		残差	5631	421.8	0.07491		
	2015	收入差异	2	0.5	0.2666	2.304	0.0999*
		残差	5743	664.4	0.1157		
福利期望	2005	收入差异	2	0.3	0.126	5.141	0.0058**
		残差	5631	421.8	0.07491		
	2015	收入差异	2	22	10.772	14.05	0.0000***
		残差	5743	4403	0.767		
福利结果	2005	收入差异	2	2	1.1359	1.977	0.139
		残差	5631	3235	0.5745		
	2015	收入差异	2	23	11.692	15.84	0.0000***
		残差	5743	4240	0.738		
福利递送	2005	收入差异	2	4	2.1001	3.699	0.0248**
		残差	5631	3197	0.5678		
	2015	收入差异	2	2	0.7715	1.244	0.288
		残差	5743	3562	0.6202		

注：显著性标识为：'***' 0.01 '**' 0.05 '*' 0.1。

虽然 2005 年我国不同收入群体的居民在整体福利态度维度和福利结果维度上的差异并不显著，但均值的对比表明，中等收入群体的居民在 2005 年的整体福利态度上低于其他收入群体。而在福利结果维度，中等收入群体居民的福利态度略高于其他群体。在福利期望维度和福利递送维度上，2005 年不同收入群体间的差异是十分显著的。2005 年，我国中等收入群体居民福利态度显著低于其他收入群体，即居民收入越高的群体，对福利的渴望越低。

2015 年我国不同收入群体的居民在整体福利态度维度上的差异是显著的，中等收入群体的福利态度高于中下和低收入群体；在福利期望维度这种差异更为典型，呈现一种完全的正相关关系，即随着收入的上升，居民的福利态度也呈现上升趋势。而在福利结果维度，低收入群体居民福利态度是显著高于中下和中等收入群体居民的，即 2015 年低收入群体居民对政府福利活动的结果满意度上升，很有可能是自 2013 年以来我国政府不断加大对贫困居民的救助带来的低收入群体福利结果满意度上升的效应。

三、主观自我认同与居民福利态度

（一）我国居民的主观自我认同

在对我国居民主观自我认同的衡量中，本文采取中国综合社会调查（CGSS）中居民对如下问题的问答，"您家的社会经济地位在本地大体属于哪个层次？"数据显示，2005 年我国居民主观自我经济地位认同占比最大的是中间群体，约为 40.4%。2015 年我国居民主观自我经济地位认同占比最大的仍是中间群体，占比约为 54.5%，可以看出十年间我国居民主观自我认同有较为明显的提升，这表明，十年间我国居民整体社会态度较为积极，从表 4-8 中可以看出自我社会经济定位较低的居民十年间降低了 16.9%，主观自我认同为中间群体的居民增幅最大，增加了 14.1%，也说明十年间我国居民整体上呈现出积极的社会态度以及社会信心的普遍上升。

表 4-8 2005 年和 2015 年我国居民主观自我认同结果

年份		主观社会经济地位的自我认同				
		偏下群体	中下群体	中间群体	中上群体	总体
2005	观测数量	2193	2969	3988	725	9875
	占比	22.2%	30.1%	40.4%	7.3%	1
2015	观测数量	545	3255	5600	873	10273
	占比	5.3%	31.7%	54.5%	8.5%	1

		主观社会经济地位的自我认同				
N	观测数量	2738	6224	9588	1598	20148
	占比	13.6%	30.9%	47.6%	7.9%	1

注：数据根据 CGSS2005 年和 2015 年数据整理而得。

（二）主观自我认同与居民福利态度差异

我国居民的主观自我认同与其福利态度的关系如表 4-9 所示，基于 2005 年 CGSS 数据的实证分析结果来看，居民主观自我认同的社会经济地位与居民福利态度的相关关系通过 1% 的显著性水平检验（模型 1），且呈现负相关关系，即居民主观社会经济地位越高，福利态度越低。同时，分配不公平感的结果不公平感和机会不公平指数两个维度与居民主观社会经济地位的交互项均通过 1% 的显著性水平检验，且回归系数均为正，即分配不公平感对居民福利态度具有显著的正向调节作用，居民主观自我认同的社会经济地位越高调节效应越明显，也即是主观自我认同越高的居民在分配不公平感强烈的情况下，福利态度的积极性显著提高。模型 2 的结果显示机会不公平感的教育不公平感和代际不公平感均起着显著的正向调节作用；加入相关的教育、年龄、性别、健康水平等个体利益因素和制度等其他相关控制变量后的模型 3，主要解释变量及交互项依然显著。

对福利期望进行同样的回归分析结果基本一致（见模型 4、5、6），居民主观自我认同的社会经济地位与福利态度呈现显著的负相关，即居民主观自我认同的社会经济地位越高，对政府扩大社会福利活动的支持越低。同时，分配不公平感与主观社会经济地位的交互项显著表明，分配不公平感调节着不同主观社会经济地位的居民。

以 2015 年 CGSS 数据进行分析，居民主观自我认同的社会经济地位与福利态度的关系基本与 2005 年保持一致，也即是我国居民主观自我认同与福利态度的显著负相关关系得到了较好的交叉验证。

表4-9 2005年和2015年主观社会态度与居民福利态度回归结果

年份	2005						2015					
维度	福利态度			福利期望			福利态度			福利期望		
模型	(1)	(2)	(3)	(4)	(5)	(6)	(7)	(8)	(9)	(10)	(11)	(12)
主观社会经济地位	-0.069***	-0.059***	-0.096***	-0.256***	-0.157***	-0.276***	-0.111***	-0.101***	-0.142***	-0.380***	-0.314***	-0.469***
	(0.005)	(0.004)	(0.006)	(0.016)	(0.012)	(0.019)	(0.007)	(0.006)	(0.008)	(0.017)	(0.014)	(0.019)
主观社会经济地位*结果不公平感	0.017***		0.016***	0.069***		0.064***	0.024***		0.022***	0.092***		0.079***
	(0.002)		(0.002)	(0.006)		(0.006)	(0.002)		(0.003)	(0.006)		(0.006)
主观社会经济地位*机会不公平指数	0.101***			0.153***			0.131***			0.382***		
	(0.005)			(0.016)			(0.006)			(0.015)		
主观社会经济地位*教育不公平感		0.011***	0.012***		0.008*	0.006		0.021***	0.020***		0.058***	0.046***
		(0.001)	(0.002)		(0.004)	(0.005)		(0.001)	(0.002)		(0.004)	(0.004)
主观社会经济地位*代际不公平感		0.014***	0.014***		0.032***	0.029***		0.013***	0.012***		0.044***	0.037***
		(0.001)	(0.001)		(0.004)	(0.004)		(0.001)	(0.001)		(0.003)	(0.003)
控制变量	否	否	是	否	否	是	否	否	是	否	否	是
截距项	-0.021**	-0.003	-0.014	0.067***	0.146***	0.052	0.021	0.049***	0.120**	0.093***	0.191***	0.437***
	(0.008)	(0.008)	(0.039)	(0.025)	(0.024)	(0.117)	(0.014)	(0.013)	(0.048)	(0.035)	(0.033)	(0.120)
N	9,001	9,758	8,331	9,001	9,758	8,331	9,079	10,191	8,923	9,079	10,191	8,923
R2	0.050	0.040	0.054	0.033	0.019	0.037	0.069	0.059	0.080	0.101	0.078	0.135

续表

年份	2005							2015				
Adjusted R2	0.049	0.040	0.053	0.033	0.019	0.035	0.069	0.059	0.079	0.101	0.078	0.134
残差标准误	0.280	0.281	0.279	0.832	0.840	0.835	0.331	0.332	0.329	0.837	0.847	0.820
F 统计量	156.693***	136.965***	36.615***	102.083***	62.834***	24.430***	223.704***	214.098***	59.539***	340.792***	288.647***	107.060***

第三节　经济环境与我国居民福利态度

一、文献基础与研究假设

福利态度除了受到个体及社会因素的影响外，当前社会经济条件及整体宏观经济环境对个体福利态度也有着十分重要的影响。自评生活压力较大的居民具有更强烈的再分配偏好，也更加支持福利政策的实施，在经历经济危机时，居民也更加支持政府施行再分配政策（Blekesaune，2013；Chung & Meuleman，2017）。

宏观经济环境对公民社会福利态度的塑造是研究者们较为关注的议题之一，最开始也是最有效的研究途径是利用经济危机来探知公众福利态度的变化，经济危机会造成劳动力市场内部和外部之间的居民对福利国家的看法日益分化（Vieira et al.，2017）。在经济危机时期，高失业率和经济衰退强化了公众对福利的支持，工人阶级对福利接受者的看法更加严格（Kuivalainen & Erola，2017）。金与纳姆（Kam & Nam，2008）的研究表明，宏观经济变化与公众对福利政策的支持之间的关系是反周期的，在经济繁荣时期，居民会要求社会福利的紧缩；在经济紧缩时期，居民会推动社会福利的扩张。除了经济发展的波动影响外，从经济全球化的视角来看，通常我们认为经济开放度越高，个体的自利主义越强，对政府干预下的福利需要越少。科斯特尔（Koster，2014）通过对67个国家和地区99663名公民的调查数据进行多层次分析，得出以下两个结论。首先，经济开放与对经济个人主义的强烈偏好和对政府干预的较少需求相关。其次，受益于全球化和右翼选民的群体更倾向于经济个人主义，如果他们国家的经济开放程度更高。但也有研究表明，全球化与福利沙文主义的产生并无直接相关的证据（Mewes & Mau，2013），可见全球化对居民福利态度的影响是十分复杂的，并无统一的结论。

卡铂朗（Cappelen et al.，2018）等人研究了福利国家在福利开支紧缩对居民福利态度的影响，相比较于通常的直接询问居民的态度，该研究提供了一个较为客观的福利条件变化对居民态度影响的研究视角。研究表明了同样的结果，紧缩时代在业者倾向于严格福利标准，而无业者则相反，更加支持慷慨的福利政策以便于保有自己的福利待遇。但随着经济增长的趋缓，福利的扩张必然伴随着福利紧缩的出现（Chung et al.，2018），所以，经济环境是研究居民福利态度务必要关注的重要因素。

但宏观经济条件如何影响公众对福利政策的态度与信念呢？吴（Ng，2015）为我们提供了一个分析宏观经济影响居民个体社会态度的分析框架，他认为宏观经济状况决定了每个个体的所处的经济-政治-社会环境，进而影响个体在宏观环境的获取资源的方式与途径，决定个体的收入、教育、政治地位等，最终这些因素内化为影响个体福利态度的原因（如图4-3）。

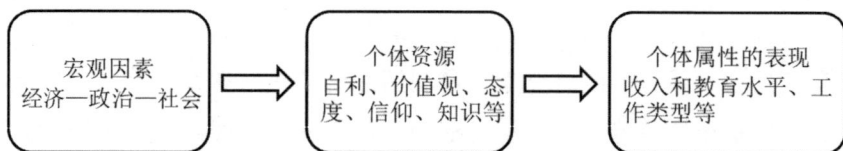

图4-3　宏观经济环境对个体福利态度影响的机制（摘自：Ng，2015）

我国不断深入的市场经济改革，为探析该问题提供了绝佳的研究场域。由计划经济到市场经济的转变，给人们带来新的社会机会。增量改革的经济效应使得居民认同市场化带来的"机遇"，也认同在市场化过程中个人凭借自己能力创造价值的信念。2005年前后，我国年均国内生产总值保持两位数的增长速度。社会进化理论认为，市场经济的发展往往容易催生个人主义和自我意识，因而公众会倾向于通过自身努力而非依赖国家获得高质量的生活。此时，公众更倾向于市场经济的自由竞争精神。根据福利发展理论可知，倾向于认同自由竞争认同的群体对福利的态度较为消极。因此，本文作出如下研究假设。

假设2.1 在市场转型的早期，市场化水平与居民福利态度呈负相关关系，也即是说，市场化发展水平越高的地区，居民的福利态度越消极。

随着市场化改革的深入，市场经济的弊端也逐渐显现，收入差距不断扩大，不平等成为社会的突出问题。当前我国经济发展中存在的问题之一就是经济发展的不平衡，尤其突出地表现为地区经济的不平衡。经济与区域发展的不平衡势必对居民的福利态度造成影响。居民意识到社会风险加大时，一般会要求政府更为积极地承担激活劳动力市场、保障收入的责任，特别是在经济转型的发展中国家，随着市场化改革的深入，社会福利需求的呼声不断提高。因此，基于市场化水平的提高，本文进一步作出如下研究假设。

假设 2.2 随着市场化水平的提高，市场化水平与居民福利态度呈正相关关系，也即是说，市场化水平越高的地区，公众的福利态度越为积极，也更加支持政府承担福利责任。

二、变量操作化与研究方法

我国经济改革取得了辉煌成就，但在市场化进程中，不同地区差异十分显著，不同省份之间市场化的发展水平差异巨大。在福利国家分析研究中，我们一般认为倾向于市场经济自由竞争思维的个体福利态度较为消极，为了验证上述假设，本文采用樊纲等（2003）持续性发布的我国各地区市场化进程相对指数作为各地区市场化发展水平数据，同时利用统计年鉴中各地人均国内生产总值和中国社会调查中的个体收入作为衡量经济发展结果的变量。

市场化指数。该市场化指数是为了测度我国从计划经济向市场经济过渡的体制改革进程，从政府与市场关系、非国有经济发展、产品市场的发育程度、要素市场的发育程度和市场中介组织发育和法律制度环境等五个维度 25 项指标（王小鲁等，2019）测度我国不同区域随着改革开放进程市场化发展的程度和水平，较为全面地反映了我国不同地区市场化发展水平。数据来源于 2005 年和 2015 年的中国区域市场化指数报告。

表 4-10　经济环境变量描述性分析统计表

年份	变量	观测值	均值	标准差	中位数	最小值	最大值
2005	市场化指数	28	6.21	1.70	6.26	2.64	9.57
2015	市场化指数	28	4.57	0.20	6.54	0.81	10.11

注：数据分别来源于：中国市场化指数报告（2005）和（2015）、各省市统计年鉴数据计算整理而得。

进一步观察市场化指数和居民福利态度的数据结果可以发现，二者呈现显著的相关关系（如图4-4所示），从市场化指数和居民福利态度的相关关系图示来看，2005年市场化水平和居民福利态度呈现反向关系，即市场化水平越高，居民福利态度消极，但二者相关关系的图示并不明显，特别是在福利结果维度，是否具有显著的相关性需要后续实证结果的进一步检验；而2015年我国市场化水平和居民福利态度之间呈现正向关系，特别是在福利期望维度，市场化水平与居民福利态度呈现较为明显的正相关关系。

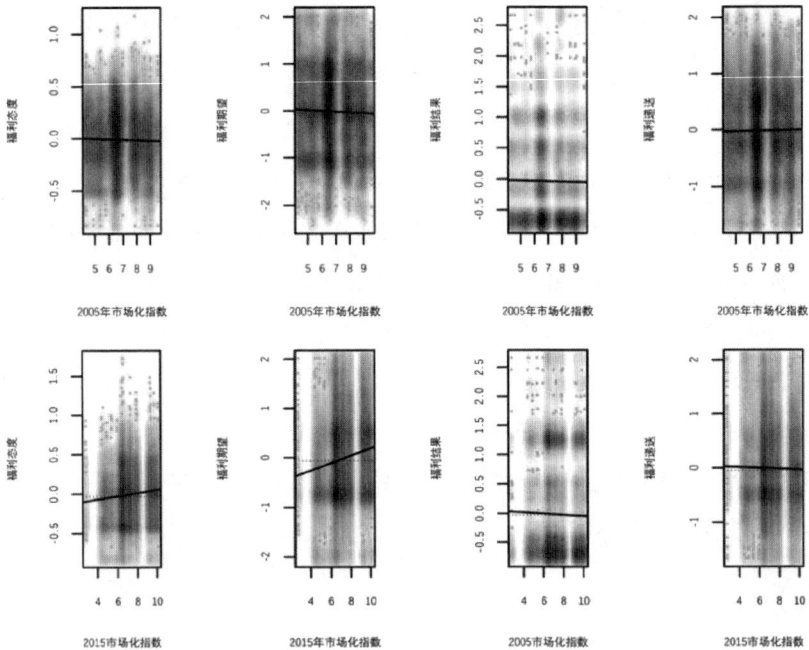

图4-4　2005年和2015年我国市场化水平和居民福利态度相关关系核密度分布图

　　省际市场化水平差异相对于个体的福利态度来说是群组变量，即居民福利态度不仅可能受到个体利益层面变量的影响，同时受到区域差异的影响，也即是说要观测的研究对象可能同时受到不同层面的影响，所以，本文采用基于一系列非同一层次的自变量对因变量的值进行估计的多层次模型，其中随机系数模型（random coefficient model）是多层次模型中比较简单的整合模型。该模型的第一层是一个典型的 OLS 多元回归方程，其中详细地列出了所有的因变量和自变量，同时清晰地描述了模型的多层次特征。在第一层中回归系数会随着第二层特征值的变化而变化，因此第一层的回归系数被当作随机变量来处理，即第一层回归系数是从某个机率分配取样而得，这意味着多层次模型的核心观点——将截距和斜率作为第二层自变量的结果。本文主要从市场化发展水平来分析区域层面对我国居民福利态度的影响，即不同地区的市场化发展水平是如何影响个体利益变量的，进而影响居民的福利态度。

　　在模型中分别加入个体利益层面和省际差异层面变量，以及传统的多层次模型基础，建立如下多层次模型：

$$Y_{ij} = a_0 + \sum_{m=1}^{p} a_m x_{m_{ij}} + \sum_{n=1}^{q} a_n x_{n_j} + u_j + e_{ij}$$

$$u_j \sim N(0,\ \delta_u^2)\, e_{ij} \sim N(0,\ \delta_e^2)$$

　　式中 i 表示个体，j 代表不同省际区域，u_j 和 e_{ij} 分别代表不同省份和个体层面的残差项，m 表示个体层面的特征数，n 代表地区层面的特征数，p 为个体变量观测值，q 为省际层面观测值。

　　首先，第一步通过零模型（null model）比较出省级层面组间与不同组内部居民福利态度的差异的方差贡献率：

第一层：$y_{ij} = a_{0j} + e_{ij}$

第二层：$a_{0j} = e_{00} + u_{0j}$

y_{ij} 为被解释变量，a_{0j} 为第一层截距，e_{ij} 为随机效应，e_{00} 为第一层截距在第二层的固定效应，u_{0j} 为第二层随机效应，从而从变异系数来解析省际居民福利态度是否存在差异。

三、实证结果分析

（一）市场化水平影响的零模型检验

通过零模型检验市场化水平与居民福利态度的关系，初步判断省际市场化发展水平差异是否影响居民福利态度认知，从检验结果来看，市场化水平显著影响居民福利态度。从随机效应的结果来看，将省份市场化水平差异作为随机截距用以判断不同省际之间的差异分为组间差异和组内差异，当然还有误差方差，也就是模型本身还不能解释的方差。

如表4-11所示，在整体福利态度维度上2005年，组内相关系数（ICC）为0.052，意味着有5.2%的方差是由于组间变量造成的，也即是省际市场化水平差异对居民福利态度变异解释的贡献率为5.2%。同理，2005年，在福利期望、福利结果和福利递送维度上组内相关系数分别为：6.8%、7.8%、5.6%。同样地，2015年不同省际之间的市场化水平在居民整体福利态度、福利期望、福利结果和福利递送不同维度上的方差贡献率分别为：3.7%、6.7%、7.8%、1.1%。

表4-11　市场化水平与居民福利态度关系的零模型检验结果

维度			2005			2015	
			变量	方差	标准差	变量	方差	标准差
福利态度	随机效应	市场化水平	0.004331	0.06581	市场化水平	0.004697	0.06853
		残差	0.079208	0.28144	残差	0.121089	0.34798
	固定效应	估计值	标准误	t 值	估计值	标准误	t 值
		−0.01861	0.01308	−1.423	−0.01856	0.01402	−1.323
		组内相关系数（ICC）		0.052	组内相关系数（ICC）		0.037

续表

维度		2005			2015		
福利期望	随机效应	变量	方差	标准差	变量	方差	标准差
		市场化水平	0.04941	0.2223	市场化水平	0.05323	0.2307
		残差	0.67996	0.8246	残差	0.74293	0.8619
	固定效应	估计值	标准误	t 值	估计值	标准误	t 值
		−0.03942	0.04382	−0.9	−0.058	0.04634	−1.252
		组内相关系数（ICC）		0.068	组内相关系数（ICC）		0.067
福利结果	随机效应	变量	方差	标准差	变量	方差	标准差
		市场化水平	0.05193	0.2279	市场化水平	0.05193	0.2279
		残差	0.61683	0.7854	残差	0.61683	0.7854
	固定效应	估计值	标准误	t 值	估计值	标准误	t 值
		−0.02151	0.04477	−0.48	−0.02151	0.04477	−0.48
		组内相关系数（ICC）		0.078	组内相关系数（ICC）		0.078
福利递送	随机效应	变量	方差	标准差	变量	方差	标准差
		市场化水平	0.03254	0.1804	市场化水平	0.006961	0.08343
		残差	0.54724	0.7398	残差	0.639176	0.79948
	固定效应	估计值	标准误	t 值	估计值	标准误	t 值
		−0.04604	0.03576	−1.287	0.003908	0.018614	0.21
		组内相关系数（ICC）		0.056	组内相关系数（ICC）		0.011
		观测值	9875		观测值	10319	
		组	28		组	28	

（二）市场化水平影响的实证分析

基于文献及上节的实证结果分析，个体利益是影响居民福利态度的重要因素，因此将个体利益变量加入多层次模型的随机扰动项，然后采用逐步回归法依次构建全变量模型。具体如下。

以 2005 年整体福利态度回归模型为例，模型（1）为个体利益变量对居民福利态度影响的基准模型，模型（2）为仅加入省际市场化水平变量探索不同地区市场化水平对省域居民平均福利态度影响的单一变量回归分析模型，模型（3）为在模型（1）中采用逐步回归法的全变量模型，构成不同层级变量对居民福利态度影响的回归分析。同理，在福利期望、福利结果和福利递送维度同步骤进行分析，同样地，2015年的回归结果展示采用同样方法进行。模型结果的具体分析如下：

　　首先，来看模型优良性的检验结果，仍以2005年居民整体福利态度维度为例，即模型（1）、（2）和（3），对比模型（1）-（3）的赤池信息准则（Akaike Information Criterion，AIC）和贝叶斯信息准则（Bayesian Information Criterion，BIC）的检验值可知（见表4-12），模型（3）的结果值最小，模型拟合的优良度最高，说明增加省际层次变量，模型有更好的拟合。同理，2005年福利期望维度的模型（6）、2005年福利结果维度的模型（9）和2005年福利递送维度的模型（12）（见表4-12）以及2015年整体福利态度维度的模型（15）、2015年福利期望维度的模型（18）、2015年福利结果维度的模型（21）和2015年福利递送维度的模型（24）（见表4-13）均为拟合更为优良的模型。

　　其次，从回归模型的结果来看，在整体福利态度维度上，2005年，市场化水平与居民整体福利态度呈现反向关系且通过显著性水平检验（见表4-12），即在2005年市场化水平越高的省份居民福利态度越为消极，市场化水平每上升一个单位，整体居民福利态度约下降0.02个单位。同样，在2005年福利期望、福利结果和福利递送维度呈现出一致的结果，即区域市场化水平越高，整体居民的福利期望、对福利结果的满意度和对福利递送的满意度都越为消极，假设2.1得到验证。

　　而2015年市场化水平与居民福利态度呈现正相关关系且通过显著性水平检验，从表4-13的回归结果可以看出，在整体福利态度维度上，市场化水平和居民整体福利态度呈现正相关系，市场化水平每上升一个单位，整体居民福利态度上升约0.0268个单位，同样地，在2015年福利期望和福利结果维度上，二者也呈现显著的正相关关系。但在2015年的福利递送维度上二者呈现反向关系，这和2005年的结果保持一致。这说明，十年间省际市场化水平与居民福利态度的关系保持一致，即市场化水平较高的区域，居民对政府福利递送的满意度是较为消极的，十年间保持一定的稳定性。

表4-12 2005年市场化水平与居民福利态度多层次模型回归结果

	福利态度			福利期望			福利结果			福利递送		
	(1)	(2)	(3)	(4)	(5)	(6)	(7)	(8)	(9)	(10)	(11)	(12)
个体利益层面												
个体利益变量	是	否	是	是	否	是	是	否	是	是	否	是
省际层面												
市场化水平	否	-0.01861*	-0.0211497***	否	-0.0394	-0.0600053***	否	-0.029***	-0.054***	否	-0.04604*	-0.053***
		(-0.013)	(-0.0036209)		(-0.04382)	(-0.0106399)		(-0.009)	(-0.012)		(-0.03576)	(-0.0095)
AIC	3465.71	3141.27	3075.06	24667.20	24637.41	24310.65	23704.90	23706.81	23352.21	22383.29	22354.00	22161.69
BIC	3544.84	3227.60	3096.65	2476.33	24723.74	24332.24	23784.03	23793.13	23373.81	22462.42	22440.33	22183.28

表4-13 2015年市场化水平与居民福利态度多层次模型回归结果

	福利态度			福利期望			福利结果			福利递送		
	(13)	(14)	(15)	(16)	(17)	(18)	(19)	(20)	(21)	(22)	(23)	(24)
个体利益层面												
个体利益变量	是	否	是	是	否	是	是	否	是	是	否	是
省际层面												
市场化水平	否	0.0196	0.0268***	否	0.0753***	0.0367528***	否	0.042***	0.109***	否	-0.030***	-0.053***
		(-0.0022)	(-0.0035)		(-0.04)	(-0.0085626)		(-0.01)	(-0.012)		(-0.009)	(-0.011)
AIC	7540.34	7579.32	7482.92	25976.08	26311.36	25959.65	26469.39	26536.81	26379.17	24489.86	24717.76	24467.38
BIC	7619.92	7601.04	7569.74	26055.66	26333.08	26046.47	26548.97	26558.53	26465.98	24569.44	24739.49	24554.19

从上述实证的结果来看，不同区域市场化水平的差异影响着居民福利态度，但十年间二者之间的关系发生了转折性的变化。在 2005 年市场化转型改革如火如荼时期，我国市场化水平越高的区域，居民整体福利态度越为消极，即经济环境越为开放的地区，居民对政府提供社会福利的活动较为消极，这一时期居民市场化整体塑造着居民自由竞争的精神，更相信市场能够提供更多的机会。

在 2015 年我国市场化改革深入阶段，社会不平等问题等讨论逐渐进入大众视野，此时市场化水平与居民整体福利态度呈现正向关系，即市场化水平越高的区域，居民整体对政府提供福利活动的要求越为强烈，即整体上来看，2015 年我国居民更倾向于政府提供完善的社会福利，越是发达地区的居民这种期望越为强烈。

同样地，在福利期望和福利结果维度上，二者的关系呈现一致的变化。从福利期望维度上看，2005 年二者呈现反向关系，即市场化水平较高的地区，居民福利期望较为消极；但 2015 年市场化水平越高的地区居民福利态度渴望越为强烈；在对福利结果的满意度上，2005 年二者呈现反向关系，即市场化水平较高的地区，居民对福利结果的满意度较低，2015 年二者呈现正向关系，即市场化水平较高的地区居民对福利结果的满意度也相应较高。但在福利递送维度上，十年期的实证结果保持一致的相关关系，即市场化水平越高的地区，居民对政府福利递送的满意度越低。

整体来看，十年间不同区域的市场化水平与居民福利态度发生了转折性变化，下章节本文将进一步进行尝试性的研究。

第四节　福利制度与我国居民福利态度

一、理论基础与研究假设

在关于居民福利态度影响因素的研究中，国家福利制度和福利政策发挥着重要作用，在西方多党竞争的政体模式下，居民福利需要的表达塑造了福利制度和福利政策的发展，反过来，一旦福利政策和福利体制形成也会逐渐影响居民福利态度的表达。

法定最低工资制度是一种在全世界广受欢迎的社会政策工具，从全球角度来看，90%的国家对所有或至少部分私营部门雇员都有某种法律规定的最低工资，以保护劳动者的社会福利及合法权益。近年来，最低工资更是作为最广泛的福利制度用以缓解低收入群体收入困难和收入不平等以及在职贫困问题的重要政策工具（ILO，2017；Leventi，2017）。例如：英国实行国民生活工资，到 2020 年将达到小时工资中位数的 60%，美国的"争取 15 美元（Fight For 15）"运动，要求将美国联邦最低工资从目前的每小时 7.25 美元提高到 15 美元等。最低工资作为一项社会福利制度，已然成为低收入群体重要的社会福利保障制度。

在西方国家福利态度研究中，劳工居民的意识形态倾向是预测福利态度的关键因素，因为左右意识形态的分歧在理念和经验上以经济平等为核心问题（Bobbio & Cameron，1996）都与关于福利的辩论密切相关（Jaeger，2009），与左翼政府相比，右翼政府的福利态度受嵌入性价值观的影响更大，使得嵌入性高的国家的右翼政府对政府福利责任的支持程度较高，如艾瑞肯等人研究结果强调了政治态度的多层次和互动性，这是由个人倾向和更广泛的社会背景影响决定的（Arikan & Bloom，2015）。不同的国家对国家社会问题以及个人、国家和其他机构之间的关系产生了不同的公众信念。最终，这些理解和信念影响了公众对于国家应该采取何种政策以及谁应该从中受益的态度（Blekesaune，2003）。所以，公众对政府提供社会服务的支持与否是被不同国家福利政策的制度差异所塑造的（Arts & Gelissen，2001；Svallfors，1997；Arikan & Bloom，2015）。由此，实证分析中很多开始评估公众对再分配和收入差异的态度是否按照不同制度类型而不同，研究结果表明，虽然各国对再分配和收入差异的态度水平明显受制度类型的影响，但各国的群体模式非常相似（Svallfors，1997）。虽然也有研究者指出，福利制度与居民对再分配的支持之间没有明确的关系（Jæger，2006），但最低工资制度是对劳动力市场日益二元化的纠正性政治反应，其中蕴藏着劳工群体对当前社会主要福利制度的认知。

基于上述认知，福利制度与居民福利态度之间关系的研究更多地基于跨国福利制度的差异是否会影响居民福利态度表达的思路进行拓展。由此，部分学者开始研究公民对本国经济状况和政府效率的看法，来解释公民对福利国家的态度（Mizrahi，2016），研究表明，经济弱势群体的生活水平与一个管理良好与否的政府密切相关。卡尔扎达和皮诺（Calzada & Del Pino，2008）通过对西班牙公众的态度研究认为，当福利服务无效时，公众并不像理论预期的那样不再支持较高的公共支出及支持私营部门的福利服务，反而继续保有一定的热情支持度。此外，政府应该提供的福利的程度与水平，特别是在关于福利上的开支直接影响着居民的福利态度（Svallfors，2004）。然而，目前还没有从实证的角度系统地研究公民对公共服务的"抱怨"与福利改革之间的关系。但福利政策对公众福利态度的影响是消极还是积极的，并无一致结论（Chung et al.，2018）。除此外，还有一些其他新兴的探索影响个体对福利国家态度的因素，如研究者尝试从舆论在现代福利国家发展中的作用的角度进行研究，媒体对塑造个体福利态度的影响也是十分显著的，媒体传播的信息会影响人们对福利国家的态度，尤其是对福利申领者的态度（Baumberg，2016；Larsen & Dejgaard，2013）。此外，由于欧洲各地关于移民的政治讨论、福利沙文主义逐渐兴起，对移民的福利态度再次引发关于公民福利态度的讨论（Chung et al.，2018）。

关于福利政策和福利制度是否影响居民福利态度的表达更应该基于可量化的福利制度视角来看待福利政策对居民福利态度的影响。目前基于此的实证探索还较为稀少。一是由于福利制度及政策本身的宏大与"模糊性"，不同国家文化背景、政治体制千差万别，所采取的社会福利政策的目标及覆盖对象存在差异，是政策本身的差异还是其他的"偶然性"因素难以有效地检验；二是具有一致性政治背景与政策体系的福利政策执行上又各具特色，甚至同一项福利制度在不同地区之间的政策本身也具有显著的异质性。基于以上原因，探究社会福利制度对居民福利态度影响的量化分析研究还有待进一步深化。

我国当前正处在转型时期，虽然中央的福利政策具有较强的一致性和稳定性，但不同地区的经济发展水平和地方政府财政能力决定了不同地区福利政策执行能力差异十分显著。如以最低工资水平保障为例的劳动力保护福利政策，我国在中央政府统一指导下的法律政策，但在不同区域发展环境及社会经济环境中最低工资水平存在较为显著的差异，这为我们验证福利制度及福利政策的执行差异是否影响居民福利态度的认知提供了可能。

随着我国社会主义市场经济的发展，不同区域经济发展水平存在巨大差异，由此，不同地区的最低工资水平标准并不一致，由于最低工资水平标准通常与区域经济发展水平密切相关，也即是说一般经济发展水平较高的地区，最低工资标准也相应较高，居民的生活成本也相应较高，社会环境塑造的该区域居民对政府承担福利责任的期望也就越高。由此，本文作出如下假设。

假设3 在我国转型发展时期，居民福利期望（最低工资保障）与其福利态度成正比，即最低工资保障水平越高，居民对政府承担福利责任的期望越高。

二、变量操作与描述性分析

我国区域经济发展十分不均衡，致使在同一福利制度下的福利政策水平存在较大差异。本节拟以最低工资保障制度这一福利政策来考察最低工资保障水平与居民福利态度的关系。我国目前整体的社会福利保护还处于较低水平，随着经济环境的变化，经济发展水平较高的地区一般生活成本也较高，居民对政府福利责任的期望水平也较高。由此，本节利用最低工资水平差异来分析，最低工资水平与居民福利态度的相关性。最低工资水平数据来源于各个省市人力资源和社会保障局官网和最低工资水平数据库网站（表4-14）。

表4-14 2005年和2015年最低工资水平描述性分析表

年份	变量	N	均值	标准差	中位数	最小值	最大值
2005	最低工资水平（千元/年）	17	4.5	1.4	4.2	2.8	18.6

年份	变量	N	均值	标准差	中位数	最小值	最大值
2015	最低工资水平（千元/年）	17	19.0	2.3	18.6	15.0	24.4

注：数据来源于各省市人力资源和社会保障局及最低工资水平数据库 http：//www. chinaminimumwage. org.

进一步观察我国最低工资水平和居民福利态度的数据结果可以发现，二者在不同维度呈现一定的相关关系（如图 4-5 所示）。从最低工资水平和居民福利态度的相关关系图示来看，在整体福利态度维度，2005 年和 2015 年最低工资水平和居民福利态度相关关系并不明显；但在具体的福利期望维度上，2005 年和 2015 年二者呈现较为一致的变化，表现出较为明显的正相关关系，即最低工资水平越高的地区，居民福利态度越为积极；在福利结果维度，2005 年和 2015 年二者呈现较为一致的变化，表现出较为明显的负相关关系，即最低工资水平越高的地区，居民福利态度越为消极；在福利递送维度上，2005 年二者呈现明显的正相关关系，但 2015 年二者的相关关系并不明显（见图 4-5）。

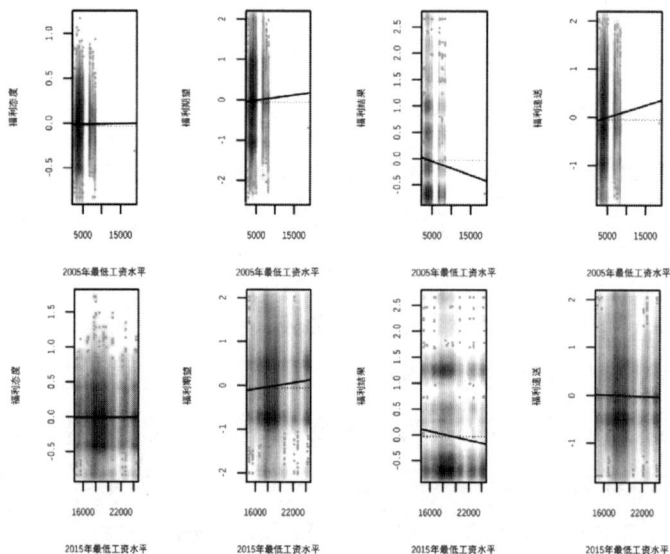

图 4-5　2005 年和 2015 年最低工资水平和居民福利态度相关关系核密度分布图

三、实证结果分析

（一）最低工资水平影响的零模型检验

通过零模型检验最低工资水平与居民福利态度的关系，初步判断最低工资水平差异是否影响居民福利态度认知，从检验结果来看，最低工资水平显著影响居民福利态度。从随机效应的结果来看，将不同区域的最低工资水平差异作为随机截距用以判断不同省与省之间的差异分为组间差异和组内差异，当然还有误差方差，也就是模型本身还不能解释的方差。

如表4-15所示，在整体福利态度维度上2005年，组内相关系数（ICC）为0.036，意味着有3.6%的方差是由于组间变量造成的，也即是区域最低工资水平差异对居民福利态度变异解释的贡献率为3.6%。同理，2005年，在福利期望、福利结果和福利递送维度上组内相关系数分别为：3.4%、5.9%、3.5%。同样地，2015年不同区域之间最低工资水平在居民整体福利态度、福利期望、福利结果和福利递送不同维度上的方差贡献率分别为：4.1%、7.2%、3.8%、1.0%。

（二）市场化水平影响的实证分析

基于文献及前述的实证结果分析，个体利益和区域市场化水平差异是影响居民福利态度的重要因素，因此将个体利益变量和区域市场化水平差异加入多层次模型的随机扰动项，然后采用逐步回归法逐步构建全变量模型。具体步骤如下。

以2005年整体福利态度回归模型为例，模型（1）为包含个体利益和市场化水平变量对居民福利态度影响的基准模型，模型（2）为仅加入最低工资水平变量探索不同地区最低工资水平对省域居民平均福利态度影响的单一变量回归分析模型，模型（3）为在模型（1）中采用逐步回归法的全变量模型，构成不同层级变量对居民福利态度影响的回归分析。同理，在福利期望、福利结果和福利递送维度同步骤进行分析，同样地，2015年的回归结果展示采用同样方法进行。模型结果的具体分析如下：

首先，来看模型优良性的检验结果，仍以2005年居民整体福利态度维度为例，即模型（1）、（2）和（3），对比模型（1）–（3）的赤池信息准则（Akaike Information Criterion，AIC）和贝叶斯信息准则（Bayesian Information Criterion，BIC）的检验值可知（见表4-16），模型（3）的结果值最小，模型拟合的优良度最高，说明增加省际层次变量，模型有更好的拟合。同理，2005年福利期望维度的模型（6）、2005年福利结果维度的模型（9）和2005年福利递送维度的模型（12）（见表4-16）以及2015年整体福利态度维度的模型（15）、2015年福利期望维度的模型（18）、2015年福利结果维度的模型（21）和2015年福利递送维度的模型（24）（见表4-17）均为拟合更为优良的模型。

其次，从回归模型的结果来看，在整体福利态度维度上，2005年，最低工资水平与居民整体福利态度虽然呈现正向关系验证了研究假设，但并没有通过显著性水平检验（见表4-16）；但在2005年福利期望维度上，最低工资水平与居民福利态度呈现显著的正相关关系，即最低工资水平越高的区域，居民福利态度越高，最低工资水平每高出千元/年的区域，居民福利态度高出0.013个单位（模型5），在全模型中，约高出0.018个单位；在福利结果维度上，二者呈现明显的负相关关系，即最低工资水平较高的区域，居民对福利结果的满意度越低，最低工资水平每高出千元/年的区域，居民福利态度约低于0.027个单位（模型7），在全模型中约低于0.015个单位；在福利递送维度上，二者呈现明显的正相关关系，即最低工资水平较高的区域，居民福利态度也较高，从2005年的实证分析结果来看，研究假设最低工资水平与居民福利态度呈现正相关关系得到检验。

同样地，2015年在整体福利态度最低工资水平与居民福利态度虽然呈现正相关关系，但并未通过显著性水平检验；与2005年数据实证分析的结果一致，在福利期望维度上，二者呈现正相关关系，在福利结果维度上二者呈现负相关关系。但在福利递送维度上，2015年的二者呈现负相关关系，与2005年的实证结果相悖，但并未通过显著水平检验（模型24），暂不作讨论。

表 4-15 最低工资水平与居民福利态度关系的零模型检验结果

维度		2005			2015		
福利态度	随机效应	变量	方差	标准差	变量	方差	标准差
		最低工资水平	0.003	0.055	最低工资水平	0.005	0.072
		残差	0.081	0.284	残差	0.121	0.348
	固定效应	估计值	标准误	t 值	估计值	标准误	t 值
		−0.021	0.014	−1.492	−0.012	0.016	−0.722
		组内相关系数（ICC）		0.036	组内相关系数（ICC）		0.041
福利期望	随机效应	变量	方差	标准差	变量	方差	标准差
		最低工资水平	0.024	0.156	最低工资水平	0.058	0.241
		残差	0.7	0.837	残差	0.748	0.865
	固定效应	估计值	标准误	t 值	估计值	标准误	t 值
		−0.022	0.041	−0.54	−0.045	0.054	−0.841
		组内相关系数（ICC）		0.034	组内相关系数（ICC）		0.072
福利结果	随机效应	变量	方差	标准差	变量	方差	标准差
		最低工资水平	0.04	0.2	最低工资水平	0.031	0.175
		残差	0.639	0.8	残差	0.765	0.875
	固定效应	估计值	标准误	t 值	估计值	标准误	t 值
		−0.06	0.051	−1.176	−0.013	0.04	−0.323
		组内相关系数（ICC）		0.059	组内相关系数（ICC）		0.038
福利递送	随机效应	变量	方差	标准差	变量	方差	标准差
		最低工资水平	0.02	0.141	最低工资水平	0.006	0.078
		残差	0.555	0.745	残差	0.641	0.8
	固定效应	估计值	标准误	t 值	估计值	标准误	t 值
		−0.0365	0.037	−0.997	−0.001	0.02	−0.069
		组内相关系数（ICC）		0.035	组内相关系数（ICC）		0.01
		观测值		9875	观测值		10319
		组		17	组		17

表 4-16　2005 年市场化水平与居民福利态度多层次模型回归结果

	福利态度			福利期望			福利结果			福利递送		
	(1)	(2)	(3)	(4)	(5)	(6)	(7)	(8)	(9)	(10)	(11)	(12)
个体利益变量	是	否	是	是	否	是	是	否	是	是	否	是
市场化水平变量	是	否	是	是	否	是	是	否	是	是	否	是
最低工资水平	否	0.0007	0.0026	否	0.013**	0.018**	否	-0.027***	-0.015*	否	0.025***	0.013*
		(0.0021)	(0.0030)		(0.0060)	(0.0080)		(0.0060)	(0.0080)		(0.0060)	(0.0070)
AIC	3433.29	3483.48	3434.43	24637.41	24805.98	24634.88	23706.81	23937.24	23705.34	22354.00	22552.59	22353.00
BIC	3519.62	3505.07	3527.95	24723.74	24827.57	24719.43	23793.13	23958.83	23791.86	22440.33	22574.18	22398.23

注：限于篇幅及重复性考虑（上节已详细论证）个体利益变量回归系数结果已略去；* $p<0.1$; ** $p<0.05$; *** $p<0.01$。

表 4-17　2015 年市场化水平与居民福利态度多层次模型回归结果

	福利态度			福利期望			福利结果			福利递送		
	(13)	(14)	(15)	(16)	(17)	(18)	(19)	(20)	(21)	(22)	(23)	(24)
个体利益变量	是	否	是	是	否	是	是	否	是	是	否	是
市场化水平变量	是	否	是	是	否	是	是	否	是	是	否	是
最低工资水平	否	0.0002	0.0030	否	0.024***	0.064***	否	-0.029***	-0.116***	否	-0.005	-0.006
		(0.0010)	(0.0020)		(0.0040)	(0.0100)		(0.0040)	(0.0098)		(0.0030)	(0.0050)
AIC	7482.92	7812.38	7406.11	25959.65	26690.95	25923.13	26379.17	26767.27	26330.28	24467.38	24762.84	24467.79
BIC	7569.74	7834.10	7500.16	26046.47	26712.67	26017.18	26465.98	26789.00	26424.33	24554.19	24784.56	24561.84

注：限于篇幅及重复性考虑（上节已详细论证）个体利益变量回归系数结果已略去；* $p<0.1$; ** $p<0.05$; *** $p<0.01$。

（三）实证结果的对比与讨论

从上述实证的结果来看，最低工资水平和居民福利期望呈现正相关的研究假设得到检验，并且在 2005 年和 2015 年两期数据中呈现稳定的相关变化关系，二者关系的稳健性也得以检验。在我国转型社会中不同区域最低工资水平的差异显著影响居民福利期望和对福利结果满意度的表达，从实证结果来看，区域最低工资水平较高的区域，一般居民的福利期望较高但福利结果满意度较低，即在我国现阶段经济较为发达的区域居民收入差异更大（徐建斌，2013；杨琨，2019），居民福利期望感更强烈，对最低工资水平的需求也更强烈，同时也更容易对福利结果产生不满。

在 2015 年我国市场化改革深入阶段，虽然十年间最低工资水平有了明显提高，年最低工资水平最低的区域从 2800 元/年提高到 15000 元/年，但社会不平等等问题并没有得到明显的改善，收入水平的差距也逐渐扩大，居民对政府提供福利活动的需要更为强烈，最低工资水平的提高并没有降低居民对福利态度需要的表达。

由此，可以看出福利制度的建设与发展是显著影响居民福利态度表达的，但是是内嵌于社会经济环境中的，不同区域经济发展水平的差异导致福利制度的提供水平存在显著差异，福利政策保障水平的差异性反过来会影响居民福利态度的表达。

第五章

我国居民福利态度的变化及解释

第一节　我国居民福利态度变化

一、不同年龄段居民福利态度的变化

在 2005 年和 2015 年两期中国综合社会调查数据中，调查对象的年龄范围为 18~94 岁，本研究将个体年龄从青年到老年人划分为四组：18~30 岁、31~45 岁、46~60 岁、61 岁以上，各组所占比重如表 5-1 所示，2005 年所占比重最高的年龄段为 31~45 岁之间的居民，比重为 36.51%；2005 年全样本中所占比重最高的为 41~55 岁之间的居民，比重为 30.11%。

表 5-1　2005 年和 2015 年样本中居民年龄分布数据描述表

2005	年龄分组	—	18~30	31~45	46~60	61~
	占比（N=9875）	—	20.54%	36.51%	27.92%	15.04%
2015	年龄分组	18~27	28~40	41~55	56~70	71~
	占比（N=8986）	—	21.76%	34.58%	31.05%	12.62%
	年龄分组	18~27	28~40	41~55	56~70	71~
	占比（N=10319）	12.92%	18.95%	30.11%	27.04%	10.99%

　　对我国居民不同年龄段分组后的方差齐性检验结果如表 5-2 所示，2005
年居民的年龄分组 Bartlett 检验 P 值均大于 0.05，表明接受方差齐性的原假
设，即应用方差分析结果是可靠的。2015 年居民的年龄分组 Bartlett 检验结果
显示，在福利态度和福利递送维度上的 P 值大于 0.05，接受方差齐性的假设，
而在福利期望和福利结果维度上则拒绝方差齐性的假设，进一步采用适合连
续性随机变量分布的 Kruskal-Wallis 非参数检验方法进一步检验，结果显示在
福利结果维度上接受原假设，在福利期望维度仍然拒绝原假设，即表明 2015
年不同年龄段的分组在福利期望维度上的差异是十分显著的，而在福利结果
维度不同年龄段居民之间的差异并不显著。

表 5-2　年龄分组差异性的方差齐性检验结果

检验方法		Bartlett 检验			Kruskal-Wallis 检验		
因变量	年份	K-方	自由度	P 值	卡方	自由度	P 值
福利态度	2005	3.3645	3	0.338	—	—	—
	2015	6.3898	4	0.172	—	—	—
福利期望	2005	0.5217	3	0.914	—	—	—
	2015	14.11	4	0.007	202.87	4	0.000
福利结果	2005	6.3471	3	0.0959	—	—	—
	2015	10.928	4	0.027	4.7983	4	0.309
福利递送	2005	1.971	3	0.5786	—	—	—
	2015	8.434	4	0.077	—	—	—

　　注：原假设为方差齐性假设。

　　将 2005 年 18~94 岁之间不同年龄段与 2015 年 28~95 岁之间不同年龄段
的居民在两年之间进行交互项分析，结果如表 5-3 所示，不同年龄段的居民
与年份的交互作用在福利态度、福利期望、福利结果和福利递送维度均十分
显著，即十年之间，不同年龄段的居民福利态度变化是十分显著的。而具体不
同年龄段居民福利态度及在各个维度上的变化由图 5-1 来看，结论如下：

表5-3　中国居民不同年龄组十年间福利态度变化的交互项分析

维度	分组变量	自由度	平方和	均方差	F 值	P 值
福利态度	年份	1	0.00	0.00	0.00	0.93
	年龄组	3	8	2.71	27.30	0.000***
	交互项	3	4.4	1.45	14.64	0.000***
	残差	18853	1868.1	0.10		
福利期望	年份	1	1	1.42	1.90	0.17
	年龄组	3	51	17.12	22.92	0.000***
	交互项	3	82	27.29	36.53	0.000***
	残差	18853	14081	0.75		
福利结果	年份	1	2	1.85	2.56	0.11
	年龄组	3	4	1.30	1.80	0.145
	交互项	3	16	5.41	7.47	0.000***
	残差	18853	13662	0.73		
福利递送	年份	1	0	0.30	0.50	0.48
	年龄组	3	31	10.50	17.33	0.000***
	交互项	3	15	5.08	8.39	0.000***
	残差	18853	11417	0.61		

注：2015 年数据为剔除 27 岁以下的人群，与 2005 年人群年龄阶段相匹配。

整体福利态度维度。十年间我国居民的整体福利态度呈现显著的差异化变动。2005 年 18-30 岁年龄组到 2015 年 28-40 岁的年龄组比较可知，该群体的福利态度显著上升。而 45 岁以上的居民整体上福利态度呈现下降趋势，特别是 60 岁以上的居民，福利态度十年间呈现显著的下降趋势。

福利期望维度。在对福利的渴望上，我国 18～30 岁之间的居民十年间的福利渴望呈现明显的上升趋势，2005 年 30 岁之后的居民在十年间的福利态度呈现逐渐下降趋势，且年龄越大的居民群体，福利态度下降趋势越明显。

福利结果维度。在福利结果维度上，18～30 岁之间的居民十年间对政府福利活动的结果满意度十年间显著下降，而随着年龄的增加，30 岁之后年龄段的居民对政府福利活动的结果满意度呈现上升趋势。

福利递送维度。45 岁之前的居民十年间对政府福利递送的满意度是逐渐上升的，且年龄相对较小的居民对政府福利递送的满意度越高，而 45 岁之后的年龄组在十年间对政府福利递送的满意度是逐渐下降的，且年龄越大对政府福利递送的满意度越低。

综上来看，我国居民的福利态度特征是整体上年轻群体的福利态度十年间是上升的，而老年群体福利态度是下降的；在具体维度上，年轻群体在福利期望和福利递送的满意度上升态势明显，福利结果的满意度下降的变化趋势较大；而老年群体十年间福利态度各个维度的变化刚好相反。

这种变化趋势是与既有的西方福利态度研究相悖的，一般会认为老年群体福利态度是较为积极的，年轻群体的福利态度是相对消极的。但在我国社会转型的背景下，年轻群体十年间的福利态度上升态势十分明显，基于我国目前社会现实的解释是十年间年轻群体面临的社会生存压力感知大于老年群体，青年群体福利缺失现象较为严重，如：幼儿照顾问题等。同时，青年群体感知到的社会流动的机会在减弱。社会流动具有逆向的调节作用，即年轻群体机会公平感越强烈，对再分配及福利的渴望就会弱化。近十年来社会流动机会的减弱导致了青年群体的机会不公平感上升。

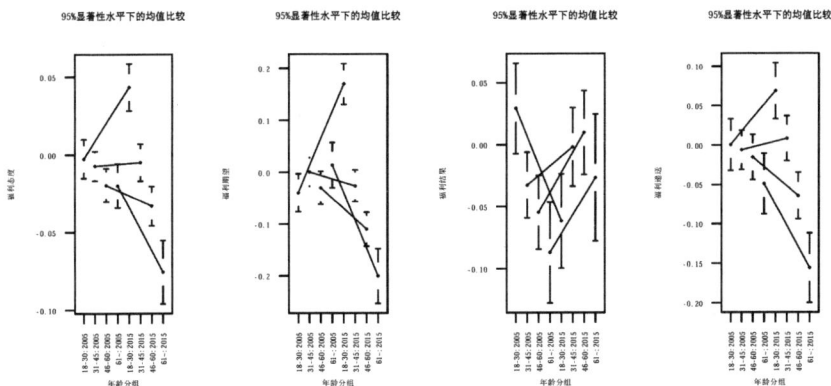

图 5-1 不同年龄组居民福利态度变化与年份的交互作用图示

二、不同收入群体居民福利态度的变化

依据第四章不同收入群体差异的分类及研究，本部分将要考察的是我国不同收入群体的居民十年间福利态度的变化情况。如表 5-4 所示，我国不同收入群体的城镇居民十年间在整体福利态度、福利期望和福利结果维度有着显著的变化，但在福利递送维度十年间的变化并不显著。

表 5-4 我国城镇居民不同收入群体福利态度的变化

维度	分组变量	自由度	平方和	均方差	F 值	P 值
福利态度	年份	1	4.5	4.493	46.561	0.000***
	收入分层	2	0	0.024	0.249	0.7795
	交互项	2	0.7	0.373	3.868	0.021**
	残差	11374	1097.7	0.097		
福利期望	年份	1	28	28.095	38.045	0.000***
	收入分层	2	7	3.435	4.651	0.009***
	交互项	2	22	11.005	14.903	0.000***
	残差	11374	8399	0.738		
福利结果	年份	1	8	8.269	12.517	0.000***
	收入分层	2	15	7.337	11.106	0.000***
	交互项	2	11	5.545	8.394	0.000***
	残差	11374	7514	0.661		
福利递送	年份	1	0	0.4392	0.739	0.39
	收入分层	2	3	1.6961	2.855	0.057*
	交互项	2	2	1.1755	1.978	0.138
	残差	11374	6758	0.5942		

注：显著性标识为：'***' 0.01 '**' 0.05 '*' 0.1。

图 5-2 展示了我国不同收入群体的城镇居民福利态度的变化趋势。从整体福利态度维度来看，十年间不同收入群体的城镇居民福利态度均呈现显著的上升趋势，其中以中等收入阶层居民福利态度上升最为明显。福利期望维

度显示了同样的变化趋势，其中中等收入群体的居民福利期望上升最为突出。而福利结果维度的变化趋势略有差异，中等收入群体居民福利结果的满意度十年间略有下降，低收入群体居民的福利态度结果满意度上升较为明显。

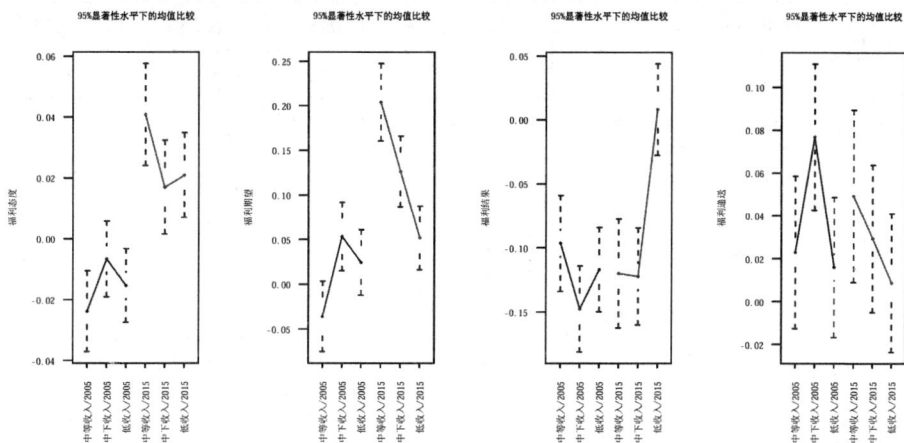

图5-2 不同收入群体的城镇居民福利态度变化趋势

三、不同区域视角下居民福利态度的变化

（一）城乡居民福利态度变化

我国经济发展过程中受到户籍制度的分割，形成了城乡二元之间的差异。由此，对比城乡居民之间福利态度的差异及变化趋势对于了解我国居民福利态度特征及其变化十分重要。

由表5-5和图5-3可以看出整体上，十年间我国城市居民的福利态度呈现显著的上升趋势，相反的是，我国农村居民的福利态度呈现下降趋势。我国城市居民在整体福利态度维度、福利期望维度和福利结果维度上，均呈现上升趋势，即十年间我国城市居民的再分配偏好更为积极，对福利扩张的渴望显著上升。同时对政府福利活动的结果十年间的满意度也呈现上升趋势。但在福利递送维度十年间的变化并不显著。

十年间我国农村居民的福利态度呈现显著下降趋势，从整体福利态度维度来看，均值显著下降且通过t检验。福利期望维度呈现同样的变化趋势，即农村居民对我国福利扩张的态度及自身的福利渴望均呈现下降趋势。

表5-5 我国城乡居民十年间福利态度均值比较及 t 检验结果

维度	分组变量	自由度	平方和	均方差	F 值	P 值
福利态度	年份	1	8	8.033	91.565	0.000***
	社会分层	3	0.1	0.045	0.517	0.671
	交互项	3	1	0.332	3.783	0.01**
	残差	7761	680.9	0.088		
福利期望	年份	1	63	62.55	87.305	0.000***
	社会分层	3	11	3.69	5.155	0.001***
	交互项	3	11	3.81	5.319	0.001***
	残差	7761	5560	0.72		
福利结果	年份	1	4	4.204	6.82	0.009***
	社会分层	3	33	10.876	17.644	0.000***
	交互项	3	3	1.063	1.725	0.16
	残差	7761	4784	0.616		
福利递送	年份	1	1	1.2761	2.184	0.139
	社会分层	3	2	0.6973	1.193	0.311
	交互项	3	6	2.1006	3.595	0.013**
	残差	7761	4534	0.5842		

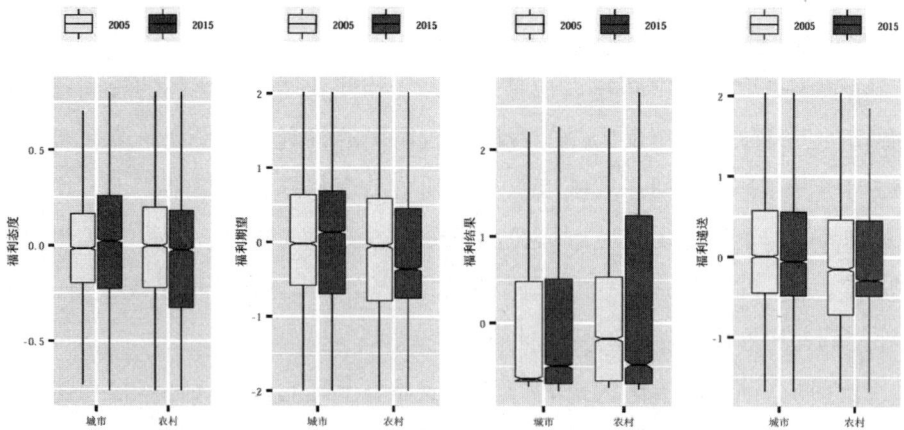

图5-3 2005 和 2015 年我国城乡居民福利态度变化对比图

（二）不同地区居民福利态度的变化

我国不同地区经济发展水平差异较大，因而不同发展水平地区的居民福利态度变化是否存在显著差异？如表5-6所示，年份与不同区域居民福利态度的交互项分析表明，除了福利递送维度外，十年间不同发展水平地区的居民在整体福利态度、福利期望和福利结果维度均发生了显著变化。

表5-6　我国居民不同地区间福利态度变化的交互项分析

维度	分组变量	自由度	平方和	均方差	F值	P值
福利态度	年份	1	0.3	0.3391	3.253	0.071*
	区域	2	3.5	1.7264	16.563	0.000***
	交互项	2	1.9	0.9371	8.99	0.000***
	残差	20188	2104.3	0.1042		
福利期望	年份	1	0	0.08	0.113	0.737
	区域	2	97	48.69	65.559	0.000***
	交互项	2	90	44.87	60.418	0.000***
	残差	20188	14992	0.74		
福利结果	年份	1	2	1.687	2.335	0.127
	区域	2	53	26.72	36.987	0.000***
	交互项	2	27	13.647	18.89	0.000***
	残差	20188	14584	0.722		
福利递送	年份	1	0	0.149	0.245	0.621
	区域	2	23	11.708	19.198	0.000***
	交互项	2	2	1.14	1.869	0.154
	残差	20188	12312	0.61		

注：显著性标识为：'***' 0.01 '**' 0.05 '*' 0.1。

图5-4显示了不同发展水平地区居民福利态度十年间的变化趋势，从图中可以看出十年间不同地区福利态度发生了明显不同的变化趋势。首先，从经济发展水平较高的东部地区来看，在整体福利态度维度上，东部地区的居民福利态度呈现上升趋势。东部地区居民在福利期望维度也呈现上升趋势，

但在福利结果维度，东部地区居民的福利态度呈现下降趋势。

其次，经济发展水平相对而言处于中间水平的中部地区从整体福利态度维度上来看，也呈现上升趋势，但相对于东部地区而言，上升趋势较小。而在福利期望维度，中部地区的居民福利期望变化较小，呈现微弱的下降趋势。但在福利结果维度，十年间中部地区居民的态度呈现积极的上升趋势，即中部地区居民对政府福利活动的结果满意度较高。

最后，经济发展水平相对较低的西部地区，十年间居民整体福利态度呈现下降趋势。从福利期望维度可以看出，西部地区居民对社会福利的渴望下降趋势十分明显。但福利结果维度显示，西部地区的居民对政府福利活动的结果满意度呈现十分明显的上升趋势。

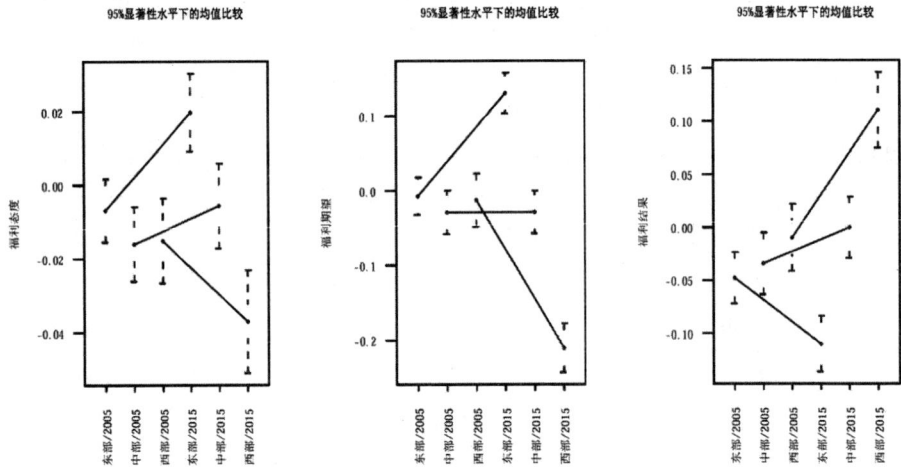

图5-4　我国居民十年间不同地区间福利态度变化①

综上，我国居民福利态度变化的特点是经济发展水平较高的地区居民福利态度与福利期望呈现显著上升的趋势，而经济发展水平相对较低的地区居民福利态度及福利期望却呈现下降趋势。

---

① 福利递送维度十年间的变化如表5-6所示交互项并不显著，此处并未呈现相应图示。

第二节 我国居民福利态度变化的解释

一、理论基础与研究假设

福利态度分析的理论基础起源于在风险社会中，个体在当前社会资源再分配制度中形成的价值观与对机会公平的认知（Sachweh，2018）。所以，社会制度与社会环境的框架虽然形塑着福利态度的形成，但最终居民态度是个体对当前社会机会与整体社会环境的一种社会价值倾向的表达。

所以，居民福利态度的基础是公众对再分配正义的态度（Roosma et al.，2013；Rothstein，1998），其核心的表达在于公众对社会风险和社会机会的认知。正如海恩等（Heien & Bielefeld，1999）认为意识形态与社会化的文化差异决定了个体的正义信念，进而与自利动机共同决定了个体对福利国家的态度。同时布勒克索内（Blekesaune，2013）在研究宏观经济环境与居民福利态度时也认为，宏观经济环境与国家制度是通过塑造个体的公平观进而影响居民福利态度表达的，他（Blekesaune，2007）利用世界价值观数据（WVS）中的如下两个问题，"国家应该主动为所有人提供有价值的工作还是个人应主动为自己创造工作机会；收入是应该更加平等，还是应该更多的用来作为激励个体努力的价值回报"作为因变量来研究全球 89 个国家和地区居民对福利国家的态度。雅各布森（Jakobsen，2011）也同样从个体对收入不平等的态度以及对机会公平的认同来研究居民福利态度。因此，安德瑞贝塔（Andreß，2001）认为个体福利态度的形成与变化应该从平等（equality）、需要（need）与公平（equity）的分配正义视角去研究。

但公平正义是个难以度量的概念。在现代社会，公平正义日益转向以财富分配为中心的社会正义或分配正义问题（谭安奎，2014）。关于分配正义的争论主要聚焦于两个问题：第一是"分配什么"，即公平的需求对象是什么，以什么样的"平等物"进行分配；第二是"如何分配"，在如何分配上无外乎是更重视机会公平还是更重视结果公平，也即是社会的公平应该是追求机会平等还是结果平等的问题。那些支持基于机会平等标准的人倾向于从事先的角度来看待公平。他们甚至容忍高度不平等的结果，只要所有各方都有类似的成功机会。相比之下，那些支持基于结果平等标准的人倾向于从事后的角度考虑公平。关于这些原则的相对重要性的意见分歧可能在政策问题上产生冲突。然而，这些差异可能并不稳定。特别是随着信息的披露，人们很容易从事前的角度转向事后的角度看待公平（Andonie et al.，2019）。

由此，可以基本明晰的是个体的社会福利态度是个体一种综合的价值观评价，但同时受到多重因素的影响，如社会环境因素、经济环境因素、福利制度环境因素等。这些因素与个体利益因素融合在一起，受到分配公平感的调节影响，形成个体福利态度的表达。

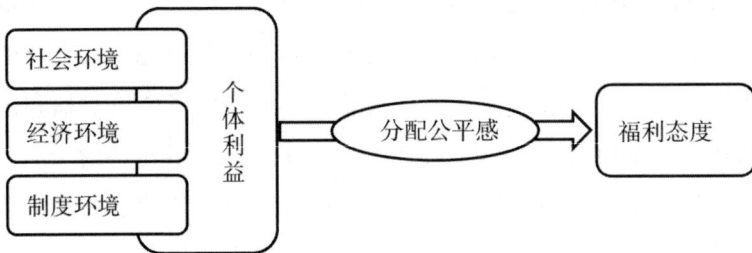

图 5-5　居民福利态度形成与变化示意图

福利态度本质是个体在风险社会中对当前社会资源再分配制度形成的价值观与对机会公平的认知，简言之，即个体对再分配的态度。因此，对居民福利态度变化的研究要回到个体分配正义的公平感上去解释。

公平感是人们对社会资源分配状况的主观判断、评价和态度，但公平感是个难以度量的概念。在现代社会，公平正义日益转向以财富分配为中心的社会正义或分配正义问题，争论的焦点主要集中于"如何分配"上，也就是说，社会的公平是应该追求机会公平还是结果公平的问题。结果公平是显而易见的追求，更多的是指向收入等有形资源的相对均等的再分配。然而，在实际生活中获得成功的机会同样十分重要，因为机会公平涉及了社会的流动性，代表个体实现自身价值的可能性。

过往的研究认为，个体福利态度很大程度上取决于对某些受益群体是否值得的（是否公平）一种信念。这种信念在社会精英中的调节效用更弱，更趋向于反对福利依赖，因为社会精英阶层更趋于相信个体能力，偏好在社会流动性机会中实现个体价值，进而反对社会福利扩张。例如，博贝里-法兹利奇和夏普（Boberg-Fazlić & Sharp，2018）对英国长期的社会流动性考察研究发现，较高的社会流动性会产生一种拒绝再分配和福利供给的文化基础。同时，过去的经验和对未来的期望也是显著影响个体对工作和福利的态度，如舒克和肖尔（Schuck & Shore，2019）通过对代际社会流动的经历和对未来的期望如何影响年轻人对工作和福利道德维度的研究，指出未来流动性的期望对年轻群体的福利态度影响更为显著，驱动着年轻人对社会福利的看法。

伴随着我国转型社会经济的高速发展，曾经一度片面强调经济增长带来了诸多社会问题，越来越多的学者开始呼吁政府应该更加重视解决社会公平和收入差距的问题。社会福利态度是对个体综合价值观的评价，虽然受到多重因素的影响，但最终会通过个体对社会公平的认知，形成个体福利态度的表达。基于此，本研究作出如下研究假设。

假设 4 分配不公平感显著影响个体的福利态度，并调节着我国居民福利态度的变化。具体研究假设分为：

假设 4.1 个体的结果不公平感与福利态度呈正相关关系，也即是说，个体的结果不公平感越强烈，其福利态度越积极；

假设 4.2 个体的机会不公平感同样与福利态度现正相关关系，也即是说，个体的机会不公平感越强烈，其福利态度越积极。

综上，本研究基于上述研究基础作出如下的逻辑推演：我国市场化发展的早期往往容易催生个人主义的竞争精神，公众则倾向于依靠自身努力获得高质量的生活，相应地，福利态度较为消极。随着市场化的深入，公众逐渐感知到市场经济竞争中的社会风险不断增加，开始强烈渴望国家福利的供给，福利态度呈现积极的变化态势。对这一变化机制的解释，关键在于居民对象征流动机会的分配不公平感的感知，分配不公平感上升将激发个体对国家提供福利的渴望。所以，本研究认为是分配不公平感调节着居民福利态度的变化。

二、变量操作化

（一）分配不公平感

分配不公平感分为：结果不公平感和机会不公平感。结果不公平感用 CGSS 调查中对居民收入的合理性认知测量，"考虑个人的能力和工作状况，认为目前的收入是否合理？——非常合理、合理、不合理、非常不合理"，感到越合理，即分配的结果不公平感越强，反之，结果不公平感越强。以"非常合理"为基准组（等于 1）。机会不公平感。机会不公平感测量包括两个测量维度：一是教育机会不公平感。"只要孩子够努力、聪明，都能有同样的升学机会"；二是代际流动公平感。"在我们这个社会，工人和农民的后代与其他人的后代一样，有同样的机会成为有钱、有地位的人"。二者的回答分别为，"非常同意 = 1"，"同意 = 2"，"无所谓 = 3"，"不同意 = 4"，"非常不同意 = 5"，数值越大代表，机会不公平感越强烈。

机会不公平感指数。由于教育的机会不公平感与代际流动的机会不公平感均是对个体机会不公平感的测量，且二者的相关关系分别为 2005 年 0.583、2015 年 0.49。由此，本文拟利用下列等式构建机会不公平感指数（何立新和潘春阳，2011）：机会不公平感知指数 = $(X_1 + X_2 - 2)/8$。机会不公平感指数力求更为全面、准确地反映中国居民主观机会不公平感感知，但居民对教育机会不公平感更重要还是对代际流动机会不公平感更看重难以区分，取二者权重相等（岳经纶和张虎平，2018）。该指数取值在 0 和 1 之间，取值越大，机会不公平感越强。

表 5-7 我国居民分配不公平感变量描述性分析

变量名	年份	N	平均值	标准差	中位数	最小值	最大值
结果不公平感	2005	9100	2.62	0.65	3	1	4
	2015	9172	2.34	0.56	2	1	4

变量名	年份	N	平均值	标准差	中位数	最小值	最大值
教育不公平感	2005	9811	2.08	0.96	2	1	5
	2015	10275	2.21	0.94	2	1	5
代际不公平感	2005	9798	2.2	1.06	2	1	5
	2015	10259	2.49	1.07	2	1	5
机会不公平感指数	2005	9758	0.28	0.22	0.25	0	1
	2015	10235	0.34	0.22	0.25	0	1

数据来源：基于 CGSS（2005）和 CGSS（2015）数据的整理。

（二）居民分配不公平感变化

在我国 2005 年至 2015 年社会转型的十年中，居民不公平感发生了怎么样的变化呢？依据前述对分配不公平感的区分，我国居民的结果不公平感在十年间是下降的，即居民对再分配的结果公平认可呈现了上升趋势。CGSS 数据表明，十年间结果不公平感从 2.622 下降到 2.338，也即是十年间随着我国基尼系数的不断下降，居民对社会分配的结果公平感呈现乐观上升的趋势。

然而，随着经济增速的衰减，居民感知到的机会不公平感是呈现上升趋势的。利用 CGSS 十年数据的对比可知（见表 5-8），我国的居民教育不公平感呈现上升趋势，从 2005 年的 2.075 上升到 2015 年的 2.21；代际不公平感知也呈现上升趋势，从 2005 年的 2.203 上升到 2015 年的 2.487。因此，由该指标拟合的机会不公平指数呈现上升趋势。

表 5-8 我国居民分配不公平感十年变化均值比较

分配不公平感	2005	2015	t 值	P 值
结果不公平感	2.622	2.338	31.403	0.000***
教育不公平感	2.075	2.21	-9.995	0.000***
代际不公平感	2.203	2.487	-18.923	0.000***
机会不公平感指数	0.284	0.337	-16.994	0.000***

注：根据 CGSS2005 年和 2015 年数据计算而得。

同时，城乡居民之间的分配不公平感变化也存在显著差异，从表 5-9 中可以看出，十年间城市居民结果不公平感下降幅度大于农村居民的结果不公平感，即十年间城市居民的结果公平感上升幅度大于农村居民。而机会不公平指数表明，十年间城市居民的机会不公平感上升幅度大于农村居民，即城市居民十年间感受到的机会不公平比农村居民更为严峻，同时在教育机会不公平感与代际机会不公平感方面均比农村更为严峻。

表5-9　我国城乡居民之间分配不公平感的差异及变化

	分配不公平感	2005	2015	均值差	t值	95%置信区间		df	P值
城市	结果不公平感	2.683	2.360	-0.322	26.695	0.299	0.346	10468	0.000***
	教育不公平感	2.137	2.302	0.165	-9.090	-0.200	-0.129	11882	0.000***
	代际不公平感	2.248	2.574	0.326	-16.341	-0.365	-0.287	11866	0.000***
	机会不公平感指数	0.297	0.359	0.062	-14.953	-0.070	-0.054	11812	0.000***
农村	结果不公平感	2.534	2.307	-0.228	16.990	0.201	0.254	7399.7	0.000***
	教育不公平感	1.984	2.079	0.094	-4.792	-0.133	-0.056	8059.3	0.000***
	代际不公平感	2.137	2.364	0.227	-10.052	-0.272	-0.183	8136.7	0.000***
	机会不公平感指数	0.264	0.305	0.041	-8.762	-0.050	-0.032	7978.4	0.000***

注：根据CGSS2005年和2015年数据计算而得。

不同区域间的居民分配不公平感存在相同的变化及差异。从表5-10可以看出，十年间不同地区的居民结果不公平感均呈现下降趋势，而除了中部地区在教育不公平感方面变化并不显著外，其余区域在教育不公平感和代际不公平感的变化均显著上升。其中，东部地区居民结果不公平感下降幅度最小，而在教育不公平感和代际不公平感维度上升幅度最大。

表5-10　我国不同地区居民分配不公平感的差异及变化

地区	分配不公平感	2005	2015	均值差	t值	95%置信区间		df	P值
东部	结果不公平感	2.588	2.350	-0.238	16.922	0.21	0.265	7720.5	0.000***
	教育不公平感	2.053	2.329	0.276	-12.878	-0.318	-0.234	8370	0.000***
	代际不公平感	2.155	2.613	0.458	-19.627	-0.504	-0.413	8327.8	0.000***
	机会不公平感指数	0.276	0.368	0.092	-18.806	-0.102	-0.082	8360.2	0.000***

地区	分配不公平感	2005	2015	均值差	t 值	95%置信区间		df	P 值
中部	结果不公平感	2.665	2.329	-0.336	21.770	0.305	0.366	5484.5	0.000***
	教育不公平感	2.144	2.157	0.013	-0.585	-0.058	0.031	6051.3	0.559
	代际不公平感	2.291	2.447	0.156	-5.936	-0.207	-0.104	6220.1	0.000***
	机会不公平感指数	0.303	0.325	0.022	-4.155	-0.033	-0.012	6003.8	0.000***
西部	结果不公平感	2.630	2.331	-0.299	16.389	0.263	0.335	4455.2	0.000***
	教育不公平感	2.034	2.095	0.061	-2.334	-0.113	-0.010	4959.4	0.02**
	代际不公平感	2.185	2.346	0.161	-5.407	-0.219	-0.102	4941.4	0.000***
	机会不公平感指数	0.276	0.305	0.029	-4.678	-0.041	-0.017	4869.8	0.000***

三、研究方法与数据处理

(一) 研究方法

本节主要采用广义精确匹配法对样本数据进行匹配处理，进而采用混合横截面分析与交互效应的实证分析方法进行数据的实证分析。

由于本研究所采用的两期我国居民社会调查数据（CGSS）并非追踪数据，为了使两期数据更具有对比意义，本文拟采用广义精确匹配（Coarsened Exact Matching，CEM）方法，以 2005 年数据为控制组对样本进行适度匹配，减少样本偏误。

匹配法是使用非实验数据或观测数据进行效应分析的一种统计方法，实质上是通过建立"反事实推断模型"划分实验组与控制组，观测两组数据进行分析；匹配的目的在于控制不同组别间的协变量，确保效应分析是建立在可比个体之间不同结果的基础上。广义精确匹配法由 Gary King 等学者（Stefano et al.，2017）提出，基本思想是通过重新编码减少变量分层，以便对变量值进行泛化分组，进而将精确匹配算法应用到数据处理中，确定匹配并去除不匹配的样本，保留匹配样本数据的原始数值。CEM 具有一定的优越性：CEM 降低的不平衡性包括估计误差、总体方差等，对于模型的依赖性更低。通过寻求平衡进而得到匹配的结果，研究者可以在事前确保变量平衡的程度，能够自动将数据限制在共同的区间范围之内。

同时，本研究所采用的 CGSS 数据相隔十年，该数据属于跨时期独立横截面数据的混合，所以加入年度虚拟变量（伍德里奇，2003）来考察我国居民福利态度十年间的变化。同时，居民福利态度影响因素之间的变化是微妙且多样的，有必要加入交互项考察不同主要解释变量之间交叉效应对居民福利态度的影响。

在多元回归分析模型中，不同解释变量之间有可能是存在相互影响的关系，此时需要考察联合因素对因变量的影响，假设解释变量 x_1 和 x_2 之间并不相互独立，存在联合效应，则模型展示如下：

$$y_i = \beta_0 + \beta_1 x_1 + \beta_2 x_2 + \beta_3 x_1 * x_2 \cdots + \beta_{n+1} x_n + \varepsilon_i$$

则：

$$\beta_3 = \frac{\partial \left(\frac{\partial y_i}{\partial x_1} \right)}{\partial x_2}$$

即表明，x_1 对因变量的作用受到 x_2 的调节影响，居民的福利态度是一种主观的态度表达，会受到很多主客观因素的影响，不同因素之间很难相互独立，并且不同因素的联合效应有时又是解释居民福利态度变化与差异的重要因素。

（二）数据匹配结果的描述性分析

由于 2005 年和 2015 年的 CGSS 调查数据存在较大异质性，基于此数据作出的上述分组统计分析结果可能存在偏误，为了使得两期数据更具有可比性，本研究利用广义精确匹配法（CEM）对两期数据进行匹配筛取。以 2005 年的调查数据作为对照组，2015 年的数据作为实验组，根据经验分布将每层中的研究对象进行精确匹配，本文采用 CEM 方法进行 1∶1 平衡性匹配，匹配结果如表 5-11 所示，从主要控制变量匹配前后的对比描述性分析可知，在匹配前，两期数据存在较大的异质性，如平均年龄的均值差异等，本文选取主要控制变量年龄、教育、性别、婚姻、健康水平、政党背景、户籍以及所在区域等进行平衡数据匹配，匹配后的数据对比结果发现两期数据呈现出优良的平衡性。

表 5-11　CEM 匹配后主要控制变量的描述性分析对比

	2015 年变量均值	2005 年变量均值	标准差	方差比	经验累积分布均值	经验累积分布极大值
原数据						
年龄	50.16	44.66	0.32	1.30	0.07	0.16
教育	2.26	2.16	0.08	1.33	0.02	0.05
男性	0.49	0.50	−0.01	—	0.01	0.01
女性	0.51	0.50	0.01	—	0.01	0.01
婚姻	0.89	0.91	−0.08	1.30	0.01	0.02
健康水平	2.58	2.46	0.19	0.56	0.04	0.11
政治面貌	0.89	0.89	0.03	0.94	0.00	0.01
户籍	0.44	0.56	−0.26	1.01	0.06	0.13
东部	0.39	0.47	−0.16	—	0.08	0.08
中部	0.35	0.28	0.15	—	0.07	0.07
西部	0.25	0.25	0.01	—	0.01	0.01
N	10319	9875				
匹配后数据						
年龄	46.45	46.36	0.01	1.01	0.00	0.01
教育	2.21	2.21	0.00	1.00	0.00	0.00
男性	0.50	0.50	0.00	—	0.00	0.00
女性	0.50	0.50	0.00	—	0.00	0.00
婚姻	0.90	0.90	0.00	1.00	0.00	0.00
健康水平	2.65	2.65	0.00	1.00	0.00	0.00
政治面貌	0.89	0.89	0.00	1.00	0.00	0.00
户籍	0.51	0.51	0.00	1.00	0.00	0.00
东部	0.46	0.46	0.00	—	0.00	0.00
中部	0.31	0.31	0.00	—	0.00	0.00
西部	0.23	0.23	0.00	—	0.00	0.00
N	4099	4099				

四、实证结果分析

（一）不同年龄段我国居民福利态度变化的解释

据上节的方差分析结果来看，不同年龄段的居民福利态度十年间呈现明显的变化，特别是随着居民年龄增长而福利态度呈现的下降趋势。如何解释这种变化是本节实证分析的重要内容。以广义精确匹配方法后的数据进行交互项回归实证分析，对比十年间不同年龄组居民福利态度的变化，结果如表5-12所示。从模型1来看，年份变量在对整体居民福利态度的回归分析中显著为正，通过1%的显著性水平检验，即与2005年相比，我国居民整体福利态度在2015年是呈现上升趋势的。年份与居民年龄变量的交互项通过1%的显著性水平检验，但交互项的符号为负，即表明与2005年相比，2015年我国居民随着年龄的增加居民福利态度下降更为明显。机会不公平指数与年龄及年份的交互项没有通过显著性水平检验，交互作用并不显著。

表5-12 十年间年龄与机会不公平感的交互项分析

	福利态度			福利期望		
	（1）	（2）	（3）	（4）	（5）	（6）
年份	0.047**	0.044*	0.040	0.135**	0.061	0.066
	(0.017)	(0.027)	(0.027)	(0.046)	(0.073)	(0.075)
年龄	-0.001**	-0.002**	-0.002**	-0.004**	-0.005**	-0.005**
	(0.0002)	(0.0004)	(0.0004)	(0.001)	(0.001)	(0.001)
机会不公平指数	0.274**			0.582**		
	(0.031)			(0.084)		
教育不公平感		0.029**	0.032**		0.066**	0.064**
		(0.008)	(0.009)		(0.023)	(0.023)
代际不公平感		0.039**	0.035**		0.079**	0.065**
		(0.008)	(0.008)		(0.021)	(0.022)

续表

	福利态度			福利期望		
	(1)	(2)	(3)	(4)	(5)	(6)
年份 * 年龄	-0.002**	-0.002**	-0.002**	-0.006**	-0.007**	-0.007**
	(0.0003)	(0.001)	(0.001)	(0.001)	(0.001)	(0.002)
年份 * 机会不公平指数	0.019			0.311**		
	(0.043)			(0.119)		
年龄 * 机会不公平指数	0.001			0.004**		
	(0.001)			(0.002)		
年份 * 年龄 * 机会不公平指数	0.001			0.003		
	(0.001)			(0.002)		
年份 * 教育不公平感		-0.009	-0.013		0.035	0.012
		(0.012)	(0.012)		(0.032)	(0.033)
年份 * 代际不公平感		0.011	0.015		0.040	0.051*
		(0.011)	(0.011)		(0.030)	(0.031)
年龄 * 教育不公平感		0.0003*	0.0002		0.0004	0.0003
		(0.0002)	(0.0002)		(0.0005)	(0.0005)
年龄 * 代际不公平感		-0.00002	0.0001		0.001	0.001*
		(0.0002)	(0.0002)		(0.0004)	(0.0004)
年份 * 年龄 * 教育不公平感		0.001**	0.001**		0.001*	0.002**
		(0.0002)	(0.0003)		(0.001)	(0.001)
年份 * 年龄 * 代际不公平感		-0.0002	-0.0003		-0.0002	-0.001
		(0.0002)	(0.0002)		(0.001)	(0.001)
控制变量	无	无	有	无	无	有
截距项	-0.038**	-0.105**	-0.094**	-0.069**	-0.214**	-0.106
	(0.012)	(0.019)	(0.034)	(0.033)	(0.051)	(0.093)
N	8198	8198	8198	8198	8198	8198
R^2	0.059	0.060	0.066	0.056	0.056	0.068
Adj-R^2	0.059	0.060	0.063	0.055	0.056	0.067

续表

	福利态度			福利期望		
	（1）	（2）	（3）	（4）	（5）	（6）
残差标准误	0.307	0.307	0.307	0.842	0.841	0.837
F 统计量	74.31**	48.135**	30.592**	57.6744**	37.583**	25.847**

注：1. $^*p<0.1$，$^{**}p<0.05$，$^{***}p<0.01$；

2. 相应的个体利益等控制变量回归结果已略去。

将居民对教育不公平感知和代际不公平感分别进行交互项回归分析，如表 5-12 模型 2 所示，年份变量依然显著为正，年龄变量依然与整体居民福利态度呈现负相关关系，且通过显著性水平检验。教育不公平感与代际不公平感与居民整体福利态度呈正相关关系，即居民教育不公平感和代际不公平感越强烈，居民的福利态度越积极。教育不公平感与年龄的交互作用为正，且通过显著性水平检验，表明，教育不公平感在不同年龄之间对福利态度的影响起着弱化作用，即在教育不公平感强烈的情况下，随着年龄的增加，居民福利态度下降的速度趋于缩小，反之也即是说，教育不公平感对年轻群体的福利态度影响较大。同时，模型 2 中年份、年龄与教育不公平感的三项交互项通过 5% 的显著性水平检验，即表明，与 2005 年相比，2015 年教育不公平感在不同年龄之间对福利态度的影响所起的弱化作用增强，简言之，教育不公平感在 2015 年对年轻群体的影响作用趋于显著增加。这也部分回答了为什么十年间年轻群体的福利态度呈现显著上升趋势，因为年轻群体感知到的教育机会不公平感更为强烈，加剧了年轻群体对社会福利的需要。但模型 2 中，与教育不公平感相比，代际不公平感的调节作用并不显著，即有可能的解释是我国居民更为重视教育机会流动性。同时，在加入其他个体利益变量，如：性别、婚姻状况、受教育程度、健康水平、居住面积等和户籍制度及区域变量后，模型主要教育不公平感的交互项依然显著。

同理，模型 4、5、6 是我国十年间不同年龄特征的居民福利期望维度的影响及变化机制，模型的结果与整体福利态度维度基本一致。

（二）城乡居民福利态度变化的解释

伴随着我国经济水平的发展和城市化的进程，城市居民相对于农村居民感知到的市场经济风险和对社会机会平等认知更为敏感（徐建斌和刘华，2013），因此机会公平感对城市居民再分配偏好的影响也较大（汪润泉和王凯，2016）。因而，在我国城市居民享受到的社会福利待遇及收入水平高于农村居民的情况下，城市居民十年间的福利态度却积极上升，特别是在福利期望维度，有可能解释是十年间我国城市居民感受到的机会不公平呈现上升趋势。相比而言，十年来随着我国社会的转型发展，农村居民认为社会流动性的机会是高于城市居民的（见表5-9所示）。所以，农村居民十年间的福利态度相对于城市居民而言呈现显著的下降趋势。

　　但是否如此还需要进一步的实证分析，将农村居民和城市居民分组进行回归分析结果如表5-13和5-14所示。表5-13是我国城镇居民十年间福利态度与福利期望维度十年间变化的回归分析结果，表5-14是我国农村居民十年间福利态度与福利期望维度变化的回归分析结果。

　　在以城镇居民为样本的回归分析中，模型1显示年份变量回归系数为负，但并没有通过显著性检验。机会不公平指数通过1%的显著性水平检验，且符号为正，表明随着机会不公平感的上升，城镇居民的福利态度呈现上升趋势。同时年份与机会不公平指数的交互项也通过1%的显著性水平检验，且符号为正，即与2005年相比，2015年城镇居民机会不公平指数对城镇居民的福利态度的影响效应增大，如图5-6所示可以显著看出，2015年机会不公平指数与居民福利态度的回归曲线斜率大于2005年的回归曲线斜率。在加入性别、年龄、教育、婚姻、健康水平等个体利益因素及不同发展水平条件因素等控制变量后，模型依然显著具有良好的解释力（见表5-13模型2）。加入教育机会不公平感和代际机会不公平感变量后，可以对比出不同维度的机会不公平感对城镇居民的影响效应，如模型3所示，教育机会不公平感显著调节着不同年份居民福利态度的变化，而代际不公平感在整体福利维度上并没有通过显著性检验，因此，可以认为我国城市居民更为重视教育机会的公平感。在加入其他相关控制变量后（见模型4），教育机会不公平感的调节效应依然显著。

　　同样在福利期望维度下，更能体现城市居民对社会福利的渴望在十年间的变化，模型5、6、7、8均和整体福利态度维度的变化保持一致。略有不同的是，在对福利的期望上，不同年份与代际的不公平感的交互效应也是显著的，即与2005年相比，2015年城市居民感知的代际不公平感对居民福利期望的影响效应增大。同样的，在加入相关控制变量后，模型依然显著。

表5-13 我国城市居民福利态度十年变化的交互项回归分析

变量	福利态度				福利期望			
	（1）	（2）	（3）	（4）	（5）	（6）	（7）	（8）
年份	−0.009	−0.007	−0.027**	−0.025**	−0.106**	−0.091**	−0.219**	−0.203**
	（0.007）	（0.007）	（0.011）	（0.011）	（0.019）	（0.020）	（0.030）	（0.031）
机会不公平指数	0.320**	0.314**			0.789**	0.740**		
	（0.012）	（0.013）			（0.034）	（0.035）		
年份*机会不公平指数	0.069**	0.070**			0.441**	0.438**		
	（0.017）	（0.018）			（0.048）	（0.049）		
教育不公平感			0.040**	0.040**			0.080**	0.072**
			（0.003）	（0.003）			（0.009）	（0.009）
代际不公平感			0.040**	0.039**			0.115**	0.111**
			（0.003）	（0.003）			（0.008）	（0.008）
年份*教育不公平感			0.015**	0.016**			0.079**	0.078**
			（0.005）	（0.005）			（0.013）	（0.013）
年份*代际不公平感			0.003	0.003			0.033**	0.033**
			（0.004）	（0.004）			（0.012）	（0.012）
控制变量	否	是	否	是	否	是	否	是
截距项	−0.102**	−0.042	−0.182**	−0.120**	−0.204**	−0.003	−0.399**	−0.177*
	（0.005）	（0.035）	（0.008）	（0.035）	（0.014）	（0.096）	（0.021）	（0.097）
N	4841	4841	4841	4841	4841	4841	4841	4841
R^2	0.051	0.065	0.059	0.065	0.053	0.062	0.054	0.063
Adj-R^2	0.051	0.064	0.059	0.064	0.053	0.061	0.053	0.062
残差标准误	0.302	0.301	0.302	0.301	0.838	0.834	0.838	0.834
F统计量	87.69***	29.64***	52.16***	24.84***	76.35**	24.09**	46.73***	21.41***

注：1. *p<0.1，**p<0.05，***p<0.01；2. 相应的个体利益等控制变量回归结果已略去。

以农村居民为样本的回归分析结果如表 5-14 所示，模型 1 显示年份变量回归系数为负，且通过显著性水平检验，即与 2005 年相比 2015 年农村居民整体福利态度呈现下降趋势。机会不公平指数通过 1% 的显著性水平检验，且符号为正，表明随着机会不公平感知的上升，农村居民的福利态度呈现上升趋势。同时年份与机会不公平指数的交互项也通过 1% 的显著性水平检验，且符号为正，即与 2005 年相比，2015 年农村居民机会不公平指数对城镇居民的福利态度的影响效应增大，如图 6-5 所示可以显著看出，2015 年机会不平等指数与居民福利态度的回归曲线斜率大于 2005 年的回归曲线斜率。在加入性别、年龄、教育、婚姻、健康水平等个体利益因素及不同发展水平条件因素等控制变量后，模型依然显著具有良好的解释力（见表 5-14 模型 2）。加入教育机会不公平感和代际机会不公平感变量后，可以对比出不同维度的机会不公平感对农村居民的影响效应，如模型 3 所示，教育机会不公平感显著调节着不同年份居民福利态度的变化，而代际不公平感与年份的交互项在整体福利维度上并没有通过显著性检验。因此，可以认为我国农村居民更为重视教育机会的公平感。在加入其他相关控制变量后（见模型 4），教育机会不公平感的调节效应依然显著。

同样在福利期望维度下，农村居民对社会福利的渴望在十年间的变化，模型 5、6、7、8 均和整体福利态度维度的变化保持一致，同样在加入相关控制变量后，模型依然显著。同时，图 5-6 表明：城镇居民福利态度的整体截距项及机会不平等指数与福利态度拟合曲线的斜率均略大于农村地区，因而整体而言，十年间我国城镇居民的整体福利态度及福利期望相比于农村居民是更为积极的。

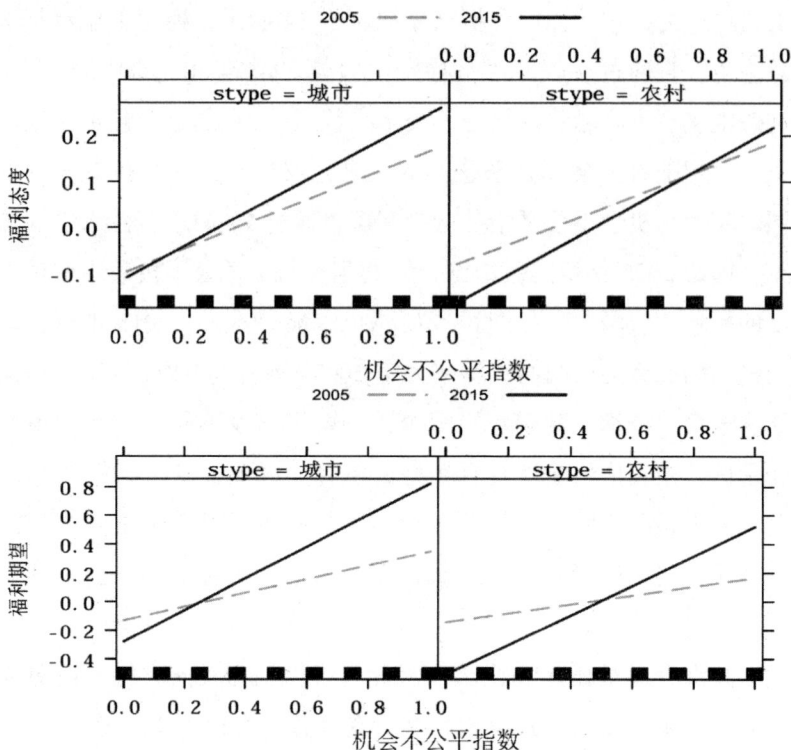

图 5-6　城乡居民福利态度变迁交互效应

表 5-14　农村居民福利态度十年变化交互项回归分析

变量	福利态度				福利期望			
	(1)	(2)	(3)	(4)	(5)	(6)	(7)	(8)
年份	-0.059**	-0.039**	-0.083**	-0.059**	-0.258**	-0.196**	-0.393**	-0.323**
	(0.008)	(0.009)	(0.014)	(0.014)	(0.022)	(0.024)	(0.036)	(0.038)
机会不公平指数	0.323**	0.325**			0.668**	0.654**		
	(0.017)	(0.017)			(0.044)	(0.045)		
年份 * 机会不公平指数	0.082**	0.066**			0.508**	0.478**		
	(0.024)	(0.024)			(0.063)	(0.064)		
教育不公平感			0.049**	0.049**			0.087**	0.088**
			(0.005)	(0.005)			(0.013)	(0.013)

续表

变量	福利态度				福利期望			
	(1)	(2)	(3)	(4)	(5)	(6)	(7)	(8)
代际不公平感			0.033 **	0.034 **			0.082 **	0.077 **
			(0.004)	(0.004)			(0.011)	(0.012)
年份 * 教育不公平感			0.026 **	0.026 **			0.114 **	0.107 **
			(0.007)	(0.007)			(0.018)	(0.019)
年份 * 代际不公平感			−0.003	−0.006			0.022	0.020
			(0.006)	(0.006)			(0.016)	(0.016)
控制变量	否	是	否	是	否	是	否	是
截距项	−0.122 ***	−0.040	−0.204 ***	−0.123 **	−0.325 ***	0.039	−0.493 ***	−0.123
	(0.006)	(0.053)	(0.010)	(0.053)	(0.016)	(0.140)	(0.026)	(0.142)
N	3357	3357	3357	3357	3357	3357	3357	3357
R^2	0.048	0.058	0.050	0.060	0.039	0.052	0.040	0.053
Adj-R^2	0.048	0.056	0.049	0.058	0.039	0.050	0.040	0.051
残差标准误	0.315	0.315	0.315	0.315	0.843	0.840	0.842	0.839
F 统计量	65.055 ***	22.6 ***	40.588 ***	19.485 ***	30.653 ***	12.202 ***	20.471 ***	11.070 ***

注: 1. * p<0.1, ** p<0.05, *** p<0.01; 2. 相应的个体利益等控制变量回归结果已略去。

（三）不同地区居民福利态度变化的解释

对于经济发展水平与公众主观的福利态度关系，研究者并未得出一致结论。有些研究认为，一个国家或地区较好的经济状况会直接或间接地对个人福利态度产生良性影响，使其高度支持政府福利活动。如西赫沃和尤西塔洛（Sihvo & Uusitalo，1995）发现，相比经济繁荣，经济发展较差时会削弱个人的经济状况和经济预期，结果会导致公众对福利制度的支持大幅下降。塞波（Seppo，1989）根据芬兰的数据也指出经济发展较差时，居民反福利国家的意见会明显增加。同时也有研究认为经济发展水平与公众福利态度呈负相关关系即工业化与经济发展往往容易催生个人主义和自我意识（Heien & Bielefeld，1999）。在经济发展水平较高的地区，一般个体机会较多，公众倾向于通过自身努力获得高质量的生活而非依赖国家。甘内拉克（Gundelach，1996）便发现在经济发展水平较高的地区的公众对福利国家表现出了较低的支持度。

由于居民福利态度是一个复杂的现象，并不能一概而论，在政府承担福利责任的范围方面，经济发展水平确实可能与福利态度为负相关，即当经济状况堪忧时，公众越发认为政府应该承担激活劳动力市场、保障收入的责任。但如果涉及与自身利益相关税收水平的提高，公众反而降低了对政府福利支出的要求（Heien & Bielefeld，1999），郑春荣和郑启南（2018）利用德国的数据也得出了类似结论。由此可见，经济发展水平与居民福利态度之间的关系是复杂多变的，并不是单一结论所能涵盖的。

在当前我国经济持续发展的改革开放时期，不同经济发展水平地区居民福利态度也呈现出不同的差异，主要的变化趋势是经济发展水平较好的地区居民福利态度更为积极，经济发展水平相对较低的地区福利态度呈现下降趋势，即呈现了一种正相关关系，经济发展水平越高的地区，居民福利态度也更为积极地发生变化，但不同地区之间经济发展水平虽然呈现差异，但各个地区的经济并不存在显著的衰落、下降趋势，特别是我国西部地区近年来经济发展增长的势头甚至超过东部地区，"从 2007 年，西部地区经济增速首次超过东部地区，到 2018 年已连续保持 11 年。人均地区生产总值增速西部地区从 2005 年就超过了东部地区。"[1] 同样在经济发展水平不断提高的情况下，整体经济发展水平较高的地区居民福利态度在十年间是逐步上升的，而整体经济发展水平相对较低的西部地区居民福利态度呈现逐步下降的趋势。可能的最主要的原因是随着经济水平的发展，生活水平提升较早的东部地区居民并没有享受到与经济发展水平相匹配的社会福利保障。由此，随着工业化与经济发展催生个体对政府应该承担的福利活动的渴望。同时，也有可能是随着经济水平的发展，西部地区的居民感受到的分配公平感高于东部地区，即对社会公平感的感受更为积极。所以，相应对政府的福利期望在经济逐步发

---

[1] 发展改革委西部开发司巡视员肖渭明在发展改革委就西部大开发进展情况举行新闻发布会答记者问的回应，http://www.gov.cn/xinwen/2018-08/30/content_ 5317725. htm#1。

展的情形下趋于降低，相对地，东部地区居民感受到的分配不公平更为强烈，所以，对社会福利活动的期望十年间逐步加强。

表5-15呈现了不同发展水平地区居民福利态度变化的分配公平感的调节效应。如模型1所示，加入分配公平感的两个维度，即结果不公平感和机会不公平指数两个维度。首先，随着与2005年相比，2015年居民福利态度呈现下降趋势，年份变量通过1%的显著性水平检验。其次，分配公平感的两个维度均显示，分配不公平感越强烈，居民福利的福利态度越积极，均通过显著性水平检验。再次，年份与分配公平感两个维度的交互项均显著通过1%显著性水平检验，且回归系数均为正，表明与2005年相比，2015年居民的分配不公平感对居民福利态度变化的影响是增大的。最后，年份与东、中、西不同地区和结果不公平感的三项交互项通过5%的显著性水平检验，回归系数的符号为负，表明与2005年相比，随着居民分配结果不公平感的上升，经济水平发展水平越低，居民福利态度也越低。所以，此时西部地区居民的福利态度是低于东部地区居民福利态度的。模型2在加入个体利益及相关制度因素后，该解释依然有效。模型3呈现了机会不公平感的两个维度下，即教育机会不公平感和代际机会不公平感两个维度下我国居民不同地区居民福利态度的变化情况，结果显示，居民机会公平感在不同年份和不同地区居民福利态度变化之间的调节效应并不显著。模型4、5、6是随着时间发展不同地区居民在福利期望维度的变化，结论基本和居民在整体福利态度下的变化一致。

表5-15　不同地区（东、中、西）居民福利态度变化交互分析

变量	福利态度			福利期望		
	（1）	（2）	（3）	（4）	（5）	（6）
年份	-0.108**	-0.111**	-0.053**	-0.170*	-0.182*	-0.094
	(0.034)	(0.035)	(0.021)	(0.092)	(0.094)	(0.057)
区域	-0.018	-0.019	-0.027**	-0.055*	-0.043	-0.045**
	(0.012)	(0.012)	(0.007)	(0.033)	(0.033)	(0.020)
结果不公平感	0.056**	0.053**		0.234**	0.221**	
	(0.009)	(0.009)		(0.025)	(0.026)	

续表

变量	福利态度			福利期望		
	（1）	（2）	（3）	（4）	（5）	（6）
机会不公平指数	0.269**	0.271**		0.820**	0.782**	
	（0.025）	（0.026）		（0.069）	（0.070）	
教育不公平感			0.031**			0.083**
			（0.007）			（0.018）
代际不公平感			0.037**			0.126**
			（0.006）			（0.016）
年份*区域	0.028	0.034**	0.0002	-0.020	0.001	-0.107**
	（0.017）	（0.017）	（0.010）	（0.046）	（0.047）	（0.029）
年份*结果不公平感	0.040**	0.042**		0.108**	0.111**	
	（0.013）	（0.013）		（0.036）	（0.036）	
年份*机会不公平指数	0.093**	0.076**		0.328**	0.272**	
	（0.036）	（0.037）		（0.097）	（0.099）	
区域*结果不公平感	-0.0004	-0.0003		-0.001	-0.001	
	（0.005）	（0.005）		（0.013）	（0.013）	
区域*机会不公平指数	0.025*	0.021		-0.063*	-0.065*	
	（0.013）	（0.013）		（0.035）	（0.036）	
年份*区域*结果不公平感	-0.013**	-0.015**		-0.038**	-0.042**	
	（0.007）	（0.007）		（0.018）	（0.018）	
年份*区域*机会不公平指数	-0.011	-0.005		0.068	0.093*	
	（0.018）	（0.019）		（0.049）	（0.050）	
年份*教育不公平感			0.022**			0.076**
			（0.009）			（0.025）
年份*代际不公平感			0.005			0.029
			（0.008）			（0.023）
区域*教育不公平感			0.007**			0.002
			（0.003）			（0.009）

续表

变量	福利态度			福利期望		
	（1）	（2）	（3）	（4）	（5）	（6）
区域＊代际不公平感			0.0001			−0.013
			(0.003)			(0.008)
年份＊区域＊教育不公平感			−0.001			0.010
			(0.005)			(0.013)
年份＊区域＊代际不公平感			−0.002			−0.0003
			(0.004)			(0.012)
控制变量	否	是	否	否	是	否
截距项	−0.211**	−0.171**	−0.144**	−0.713**	−0.642**	−0.361**
	(0.024)	(0.038)	(0.015)	(0.065)	(0.104)	(0.040)
N	8198	8198	8198	8198	8198	8198
R^2	0.067	0.072	0.056	0.083	0.089	0.056
Adj-R^2	0.066	0.071	0.055	0.083	0.088	0.056
残差标准误	0.306	0.305	0.308	0.828	0.827	0.841
F 统计量	34.225***	25.474***	29.876***	39.141***	29.010***	28.580***

注：1. * $p<0.1$, ** $p<0.05$, *** $p<0.01$；2. 相应的个体利益等控制变量回归结果已略去。

图 5-7 呈现了不同地区居民福利态度及福利期望在结果公平感差异下的变化趋势，认为分配结果非常公平的居民，在东部地区 2005 年居民福利态度高于 2015 年。随着结果公平感的逐步下降，2015 年东部地区居民的福利态度上升逐渐超过 2005 年。中部地区同东部地区在福利态度维度的变化趋势基本一致，但结果公平感的调节效应相对较弱，曲线的变化斜率与东部地区相比较小；而在西部地区 2005 年西部地区居民福利态度一直高于 2015 年的居民福利态度，同时 2015 年结果不公平感下的居民福利态度变化在感受较为公平之后的变化斜率趋于水平线，甚至呈现负相关态势（见图 5-7 上半部分）。而在福利期望部分，图示内容展示了同样的变化规律。

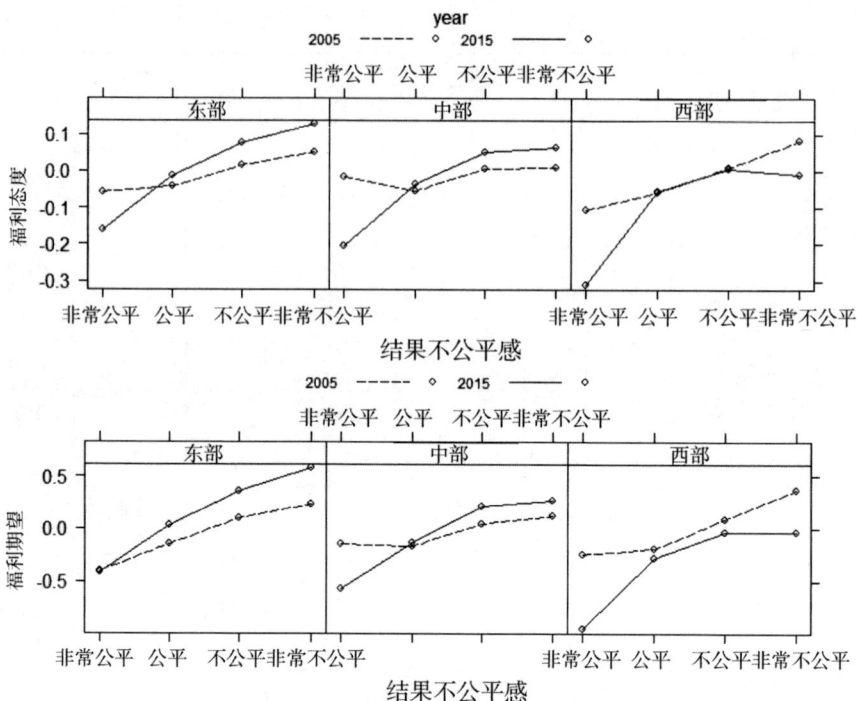

图 5-7　不同地区居民十年间在整体福利态度和福利期望维度上的变化趋势

（四）不同收入群体居民福利态度变化的解释

在传统的西方福利国家福利态度理论研究中，一般认为高收入群体的居民福利态度相对较为消极（Brito Vieira et. al.，2017；Kuivalainen & Erola，2017）。但在我国社会转型发展中，十年来我国城市居民中高收入群体的居民福利态度呈现出积极上升的态势，即在整体福利态度维度和福利期望维度表现出积极上升的趋势。同时，城市居民中其他中低收入群体居民的福利态度十年间也呈现出积极上升的趋势。这说明在我国转型社会的发展中，城市居民社会福利的保障发展严重滞后于经济社会发展，伴随着居民收入水平的提高，对社会福利的需要上涨，所以，十年间，整体上城市居民的福利态度呈现显著的上升趋势。

但同时为什么在我国城镇居民的福利态度变化中，中高收入群体的居民福利态度上升幅度会高于中低收入群体呢？这是个有意思的现象，可能的推测是分配不公平感的调节效应，即城市居民中高收入群体对社会分配不公平感的感知可能要高于中低收入群体。

　　表5-16的实证分析结果验证了分配不公平感对不同收入群体居民福利态度的调节效应。模型1加入我国城市居民在分配不公平感中结果不公平感和机会不公平感两个维度下的交互项，结果显示，机会不公平指数和收入差异及年份的三项交互项通过5%的显著性水平检验，表明机会不公平感显著调节着不同收入群体居民福利态度的变化，即与2005年相比，随着机会不平等感的上升，收入越低的城市居民福利态度上升的趋势越为明显，如图5-8所示，中下等收入和低收入群体的福利态度随着机会不平等感知的上升，与2005年相比2015年的曲线斜率大于中等收入群体。但同时，在不同机会不平等感知，中等收入群体，2015年的居民福利态度整体均高于2005年（如图5-8所示，两年的变化曲线并无交点，且2015年的变化曲线始终高于2005年，2015年曲线截距项大于2005年）。所以，从模型1及图5-8可以看出，2015年我国中等收入群体的城镇居民整体机会不公平感对个体福利态度的影响与2005年相比更大，但中下等收入与低收入群体后续随着机会不平等感的上升，福利态度变化趋势更为明显。模型2在加入相应控制变量后，解释依然有效。

　　同时在对机会不公平感进行分维度研究中，如模型3可以发现，在居民福利态度变化感知的机会不公平感的差异中，代际流动的不公平感对居民福利态度的影响较为显著。通过5%的显著性水平检验，即随着我国近十年来城市化进程的推进，城市居民中不同收入群体的居民对代际流动的机会不公平感认同显著影响着居民的社会福利态度，代际流动的公平感强，对福利的需求将会减弱。同时，教育不公平感在不同收入阶层之间的影响并不显著。模型4、5、6是在福利期望维度下的回归分析，结论与在整体福利态度维度基本一致。

表5-16　我国城市居民不同收入群体下的福利态度变化

变量	福利态度			福利期望		
	（1）	（2）	（3）	（4）	（5）	（6）
年份	−0.032	−0.029	0.016	0.030	0.176	0.181
	（0.050）	（0.051）	（0.031）	（0.031）	（0.138）	（0.140）

变量	福利态度			福利期望		
	（1）	（2）	（3）	（4）	（5）	（6）
收入分层	0.003	0.001	0.008	0.006	−0.048	−0.030
	（0.016）	（0.016）	（0.010）	（0.010）	（0.044）	（0.045）
结果不公平感	0.058**	0.053**			0.210**	0.188**
	（0.014）	（0.014）			（0.039）	（0.039）
机会不公平指数	0.318**	0.291**			0.832**	0.732**
	（0.035）	（0.036）			（0.098）	（0.099）
教育机会不公平感			0.038**	0.031**		
			（0.009）	（0.009）		
代际机会不公平感			0.046**	0.045**		
			（0.008）	（0.009）		
年份*收入分层	−0.008	−0.011	−0.021	−0.028**	−0.184**	−0.189**
	（0.023）	（0.023）	（0.014）	（0.014）	（0.063）	（0.064）
收入分层*结果不公平感	−0.003	−0.002			0.010	0.012
	（0.006）	（0.006）			（0.017）	（0.017）
收入分层*机会不公平指数	−0.005	0.003			−0.062	−0.034
	（0.016）	（0.016）			（0.045）	（0.045）
年份*收入分层*结果不公平感	−0.004	−0.004			0.031	0.031
	（0.009）	（0.009）			（0.024）	（0.024）
年份*收入分层*机会不公平指数	0.040*	0.047**			0.185**	0.200**
	（0.023）	（0.023）			（0.063）	（0.064）
年份*教育机会不公平感			0.029**	0.028**		
			（0.013）	（0.013）		
年份*代际机会不公平感			−0.025**	−0.028**		
			（0.012）	（0.012）		

续表

变量	福利态度			福利期望		
	（1）	（2）	（3）	（4）	（5）	（6）
收入＊教育机会不公平感			0.001	0.003		
			(0.004)	(0.004)		
收入＊代际机会不公平感			-0.003	-0.003		
			(0.004)	(0.004)		
年份＊收入分层＊教育机会不公平感			-0.006	-0.006		
			(0.006)	(0.006)		
年份＊收入分层＊代际机会不公平感			0.013 **	0.014 **		
			(0.005)	(0.005)		
控制变量	否	是	否	是	否	是
截距项	-0.231 **	-0.106 **	-0.195 **	-0.058	-0.647 **	-0.287 **
	(0.035)	(0.051)	(0.022)	(0.041)	(0.098)	(0.141)
N	4841	4841	4841	4841	4841	4841
R^2	0.070	0.079	0.059	0.069	0.081	0.089
Adj-R^2	0.069	0.076	0.058	0.067	0.080	0.086
残差标准误	0.300	0.299	0.302	0.301	0.826	0.825
F 统计量	70.140 ***	33.949 ***	63.950 ***	32.169 ***	82.400 ***	38.574 ***

注：1. * $p<0.1$, ** $p<0.05$, *** $p<0.01$；2. 相应的个体利益等控制变量回归结果已略去。

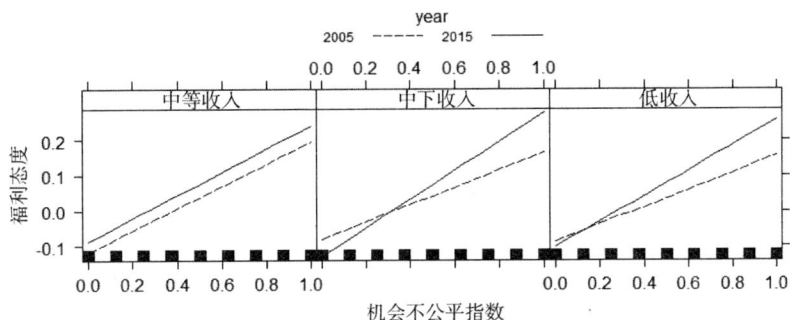

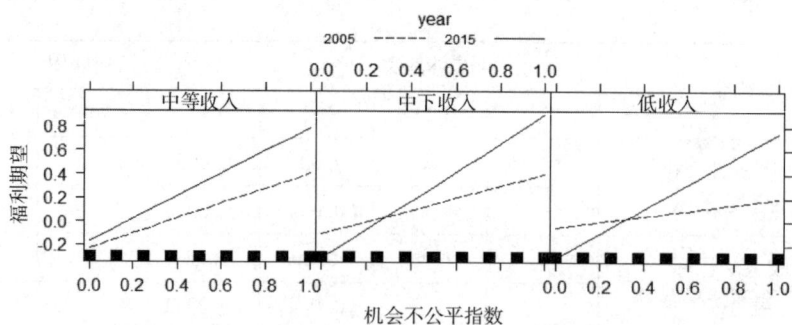

图 5-8　不同收入群体居民整体福利态度和福利期望维度上的变化趋势

第六章

总结

第一节 主要研究结论

一、我国居民福利态度的特征及变化趋势

在社会经济转型的背景下，整体上我国居民对社会福利的需求较为强烈，十年间居民福利态度呈现出积极上升的趋势，并且呈现一些不同于已有研究的结论。

从整体上看，我国居民再分配偏好意愿十分强烈。据中国综合社会调查的数据来看，2005年居民"非常同意"和"同意""从有钱人那里征收更多的税收帮助穷人"的比重高达85.1%；2015年此数据虽有所下降也高达72.7%。同时，基于我国居民福利态度条目统计分析的描述性结果可知，2005年高达60.75%的受访居民认为政府绝对有责任保障人人有工作机会，66.35%的受访居民认为政府绝对有责任保障人人有医疗保险，也超过3/4（75.16%）的受访居民认为政府绝对有责任为老人提供生活保障。而2015年同样的调查条目显示，认为政府绝对有责任保障人人有工作机会的比例与2005年相比有明显的下降，占比为49.46%。但同样认为可能有责任的比例明显上，占比为42.9%。表明，我国社会转型过程中，居民对政府提供工作机会的"单位制"制度依赖有所下降，更加注重依靠自身能力寻找工作机会。

但在政府是否有责任保障人人有医疗保险的调查中，十年间，我国居民对医疗保险的渴望大幅度上升，几乎所有受访者均表示政府应该保障人人有医疗保险（97.94%），表明，我国医疗保障体系的建设远远没有满足居民的需求，且十年间居民对医疗保障的需求更趋强烈。在对政府为老人提供生活保障的责任认知上，绝对有责任的比例略有下降，2015年为70.74%，但"可能有责任"的认知比例有明显上升，表明，十年间我国居民对政府绝对承担养老责任的认知有所松动。从福利结果维度来看，十年间我国居民对政府福利活动的结果满意度大幅度上升，对政府为患病者提供医疗服务的满意和非常满意的受访者2015年占比51.42%，对政府为老人提供适当生活保障的满意和非常满意的受访者比例最低约为54.18%，受访者对政府提供优质基础教育的满意度比例最高约为59.68%。相比而言，十年间，我国居民对政府福利递送维度的满意度也呈现出大幅度上升的趋势，但满意度的比例依然相对较低。在对社会福利是否帮助到真正的穷人，进而存在滥用与浪费的感知中，2015年受访者对政府帮助到穷人维护了社会公平的满意和非常满意的占比45.85%，而在对政府公共政策执行公正性的认知中，满意和非常满意的受访者2015年占比42.11%。

相对于福利态度变化的上升趋势，我国居民福利态度也呈现显著的特点。不同于以往研究，我国居民中的老年群体整体福利态度较为消极，十年间两期数据中这种相关关系均呈现出较为稳定的特征。此外，与基于西方研究经验相反的是，我国相对收入更高的阶层福利态度反而更为积极，即是我国高收入或地位较高的社会群体更为支持政府福利活动的扩张。

二、居民福利态度影响因素：微观层面

个体利益是居民福利态度重要的影响因素之一，本文将个体利益因素归纳为微观层面的影响因素，主要包括年龄、性别、婚姻、教育、健康水平等个体特征因素。基于我国居民福利态度的回归分析结果表明，在个体利益特征下，我国居民的年龄特征与福利态度呈现负相关关系，即随着居民年龄的增加，居民福利态度呈现下降趋势，这与基于西方居民样本的研究结论并不

一致。既有文献一般多认为老年人具有更加积极的福利态度，更为支持政府的福利活动，主要是基于流动性预期和是否为福利接受者进行解释，一般年轻人由于享受到的社会福利服务与老年人相比较少。另外，年轻人对未来也更为乐观，所以，相对于老年人而言，年轻群体较为不支持政府的福利活动。我国居民不同年龄福利态度的差异显然与西方的福利环境差异巨大。在我国当前社会机会平等逐渐缩小的社会转型背景下，年轻群体的社会流动预期低于老年群体，且年轻群体面临更大的社会压力已是不争的事实。所以，在我国当前福利政策与社会压力环境下，年轻群体的福利态度更为积极。

在性别变量上，2005 年我国性别之间的福利态度差异并不显著，但随着社会分工与福利短缺的社会背景，十年间男性面临的社会压力似乎更甚女性，因为 2015 年的实证分析表明，与女性相比男性对扩大社会福利的支持度更高，这也与西方认为的女性处于弱势地位，福利态度较为积极相左。婚姻变量的实证结果表明，已婚群体的福利态度较高，这与现有研究结论保持一致，即组建新家庭的群体更能感知到社会福利的重要性。教育变量的结果表明，2015 年我国居民受教育程度越高的群体，对社会福利的渴望越为强烈。健康水平变量的结果与现有理论相一致，即居民健康水平越高，越不支持政府的福利活动。但是否是共产党员的政治面貌对我国居民福利态度的影响较弱。除此外，本文还考察了居住面积对我国居民福利态度的影响，因为住房是居民最为看重的家庭资产，结果也验证了理论预期，即住房面积越大的群体，对福利的渴望越低，即表明个体能力越强的居民，越不支持政府福利活动的扩张，个体利益因素显著影响着居民福利态度的表达。

三、居民福利态度影响因素：社会差异

基于调查数据中的居民收入将我国居民区分为不同的收入群体，数据显示 2005 年受访者中低收入群体所占比重最大，约为 36.94%，2015 年受访者中依然是低收入群体所占比重最大，且略有上升趋势，占比为 41.87%。基于不同收入群体来看，2005 年我国居民中收入较高的群体福利期望较低，这与部分已有研究结论一致（Evans & Kelley，2018；Wulfgramm & Starke，2017），

即收入越高的群体越不支持政府福利活动。但 2015 年数据的单因素方差分析结果表明，我国居民中的中高收入群体，福利态度却更为积极，呈现典型的正相关关系，这与 2005 年的数据结论完全相反。

基于不同职业群体福利态度差异的研究发现，不同职业群体间居民的福利态度差异是较为显著的。2005 年处于全面福利照顾的群体福利期望反而更高，而三资企业、私营企业等更多在市场自由竞争环境下的群体福利态度最低。这表明，十年间我国经济社会体制变革巨大，市场经济开放度显著提升，更多的居民开始"脱离国家照顾"在市场中"自辖自顾"。2015 年结果显示，我国不同职业群体下的城镇居民的整体福利态度均较显著上升，对政府的福利表现出更加积极的态度。与 2005 年相比，社会保险体系照顾的职业群体和国家补贴照顾的职业群体对政府提供福利的渴望开始上升。

四、居民福利态度影响因素：宏观环境

宏观因素主要检验我国户籍制度、经济环境、福利制度以及区域不平衡等因素对居民福利态度的影响。从城乡差异来看，2005 年从整体福利态度维度来看，农业户口与非农业户口的居民福利态度并无显著差异。2015 年在整体福利态度维度上，以非农业户口为基准组，我国农业户口的居民福利态度显著高于非农业户口的居民。可能的原因是我国经济发展过程中户籍制度的分割，造就了城乡二元体制之间的巨大差异，农村居民福利缺失现象十分严重。但从时间维度上来看，十年间，我国城镇居民的福利态度呈现显著上升趋势，农村居民十年间的福利态度呈现下降趋势。结果表明，十年间城市居民的分配不公平感严重高于农村居民调节所致。

宏观环境因素是影响居民福利态度变迁的重要因素。从整体上而言，我国经济发展水平与居民福利态度呈现负相关关系，即经济发展水平越低，福利态度越高。这与很多研究结论较为一致（Sihvo & Uusitalo，1995；Gundelach，1996；Koster，2014；郑春荣和郑启南，2018），即基于社会进化理论认为，工业化与经济发展往往容易催生个人主义和自我意识，经济发达地区社会机会更多，公众会倾向于通过自身努力获得高质量的生活而非依赖

国家。当然，也有学者进一步认为经济发展水平和居民福利态度之间的关系不能一概而论，在政府承担福利责任的范围方面，国家经济形势与福利态度为负相关，即当本国总体经济状况堪忧时，公众愈发认为政府应该承担激活劳动力市场、保障收入的责任。但在福利责任的程度方面，结论却恰恰相反，公众反而降低了对政府福利支出的要求（Heien & Bielefeld，1999），这也正契合我国居民在不同区域中福利期望维度和福利结果维度之间的差异。

此外，由于我国处在市场化改革转型的变革时期，市场化水平与居民福利态度变化在不同时期呈现出不同的相关关系，在市场化改革的早期，市场化水平与居民福利态度呈反向关系，市场化发展水平越高的地区，居民的福利态度越为消极。但随着市场化改革的深入，市场经济的弊端也逐渐显现，收入差距不断扩大，市场化水平与居民福利态度呈正向关系，即：即市场化水平越高的地区，公众的福利态度越为积极，更加支持政府承担福利责任。

五、居民福利态度变化解释机制：分配公平感

我国居民整体的分配公平感变化十分明显。从结果公平维度来看，2005年的受访者中认为目前收入较为合理的占比不到 1/2，仅为 44.74%。2015 年同一条目的调查显示，约 67.06% 的受访者认为基于自身能力和工作状况的收入是合理的，我国居民的结果公平感认知十年间有较为明显上升趋势，这说明，随着我国经济体制改革的深入与社会的转型变迁，居民对初次分配的结果满意度十年间呈现明显上升趋势。从机会公平维度来看，整体上来看 2005年我国居民的机会公平感是较为强烈的，26.27% 的受访者非常同意教育机会的公平，24.65% 的受访者也认同代际流动机会的公平，同时同意教育机会公平的占比 53.66%，同意代际流动机会公平的 50.01%。但十年间，我国居民的机会公平感呈现下降趋势，2015 年，18% 的受访者非常同意教育机会的公平，12.95% 的受访者非常同意代际流动机会的公平，均呈现明显的下降趋势。

实证结果表明分配公平感整体上显著影响着居民的福利态度，不公平感越强烈，福利态度越为积极。结果公平感与机会公平感的影响较为一致，但从模型的系数对比来看，机会公平感的影响大于结果公平感的影响，即居民

对机会公平感的重视程度大于结果公平感。一方面居民十分看重机会平等，另一方面却又强烈要求政府实施积极的福利政策，因为伴随改革开放的不断深入，市场经济带来的社会风险增加，个体无力应对，因而对国家福利需求的呼声不断上升，福利态度呈现积极态势。同时，通过交互项的定量方法分析验证了引起居民福利态度发生转折变化的内在原因，即在市场化改革过程中，社会风险的增加使民众社会分配不公平感逐渐上升，特别是机会不公平感的上升，加剧了民众对国家再分配干预的渴望，因为个体在充满不确定性的市场环境中更需要应对未来风险的信心、安全感和保障感。

六、小结

基于 CGSS2005 年和 2015 年两期数据对比我国居民福利态度的特征及变化发现，我国居民整体对社会福利扩张十分积极，且在转型社会变迁的十年间福利态度呈现积极上升趋势，特别是对社会福利的渴望不同群体、区域的居民均表现出积极的上升趋势。但在不同群体及个体特征下存在显著差异，基于交互项的回归分析结果表明，十年间我国社会分配不公平感的上升显著调节着我国居民福利态度的变化。从收入差异来看，2005 年相较于低收入群体，中等收入群体更加不支持社会福利。而 2015 年恰恰相反，中等收入群体反而更加支持社会福利的扩张，进一步的交互项实证分析表明，十年间由于我国居民感知到的分配公平感逐渐下降，特别是机会不公平的上升，导致中等收入阶层的居民"一反常态"地更加支持社会福利扩张。

从居民主观自我认同的社会经济地位角度来看，不同群体居民福利态度的差异是符合理论预期的，存在负相关关系，即居民主观自我认同的社会经济地位越高，越不期望政府福利活动的扩张，且十年间变化趋势基本一致。

除此外，2005 年到 2015 年的十年间是我国社会经济转型的重要时期，区域不平衡、福利碎片化等区隔下我国居民福利态度与变化呈现出和西方福利态度研究"相悖"的结论：第一，我国居民年龄特征与福利态度呈现负相关关系，即相对于年轻群体，我国老年群体整体上福利态度是较低的，这与西方观察到的老年群体更加支持社会福利相悖。究其原因而言，一是在我国转型变化中老年群体的结果公平感显著高于年轻群体，老年群体的福利满意度较高。二是我国年轻群体的机会不公平感显著高于老年群体，特别是代际不公平和教育不公平感均高于老年群体，显著调节了年轻群体对社会福利的渴望。第二，在我国男性居民更为支持社会福利的扩张，这一结论显著异于西方研究所认为的女性更偏好社会福利的扩张。

最后，区域不平衡是我国当前社会发展中的显著特点，从经济发展水平的差异来看，我国经济发展水平与居民福利态度呈现负相关关系，即经济发展水平越高的区域，整体福利态度越为消极，对社会福利的支持度较低。但十年间的变化是十分有意思的，十年间我国东部地区居民的整体福利态度呈现显著上升趋势。西部地区居民的整体福利态度显著下降，进一步的实证分析表明，十年间东部地区居民感知到的机会不公平感显著高于西部地区居民，市场风险增加，进而积极寻求社会福利的保障。从城乡居民福利态度的差异来看，虽然我国农村居民社会福利保障程度较低，但十年间农村居民的福利态度与城市居民相比却呈现出下降的趋势，即对社会福利的支持度低于城市居民，进一步的研究发现，在十年间的变化中，农村居民感知到的社会流动性高于城市居民，农村居民的分配公平感显著高于城市居民，调节着农村居民的福利态度变化。

第二节　政策解读

一、继续推进民生工程，加大社会福利投入

随着改革开放的推进，我国经济社会取得巨大成就，但社会不公平和收入不公平等现象也依然存在。由此造成了民众对当前社会收入差距、分配公平和机会均等状况的不满，渴望政府提供更多的社会福利，且十年间这种渴望逐渐增加。除此之外，我国社会变迁的现实情况也对福利制度提出了巨大挑战，如老龄化问题，住房压力问题，儿童福利照顾问题，残疾人、空巢老人

等社会福利层面面临着巨大挑战，虽然政府的社会福利开支逐年增加，但从居民福利需要的表达来看，政府社会福利的建设还不够。

二、密切关注群体差异，合理调节公众预期

从研究结果来看，居民间的群体差异塑造着居民不同福利态度的表达，且在福利态度不同维度的差异也十分显著。所以，政府在满足居民福利需要的同时，要密切关注群体差异。从不同年龄的群体来看，目前政府对年轻群体的福利关注严重不足，青年群体的福利需要十分强烈，特别是在住房、儿童照顾方面，青年群体面临巨大的社会压力。从区域来看，经济发达区域的居民福利态度更为积极，所以，地方政府更应该有所作为，积极主动地满足不同群体的福利需要。同时，不同福利态度维度的分析结果表明，在我国对福利渴望强烈的居民对政府的福利活动结果与政策执行过程满意度不一定较高，而对福利期望较低的居民在福利结果和福利递送维度的满意度不一定会低，即不同群体居民在不同的福利态度维度上差异十分显著。由此，政府在制定相应的社会政策时，要把握我国居民福利态度的差异及需求的变化。如从收入阶层的差异来看，十年间高收入群体的福利态度反而上升更为明显，而低收入群体的福利态度反而十年间呈现下降趋势，此时政府在制定相应公共福利政策时，一定要兼顾不同收入群体的福利需要表达，避免造成新的制度不公正，破坏社会积极性。在我国转型社会变迁中，社会经济地位高的居民反而福利态度会更高，年轻群体的福利态度也一反常态的高于老年群体，这就需要政府在制定相应的公共福利政策时合理调节居民社会福利预期，避免引起社会群体新的分化与矛盾。

三、彻底打破制度藩篱，加快社会保障制度整合

在我国，社会福利发展的历史与制度背景造就了福利体制的分割、重复、不协调等的碎片化问题，社会福利的提供广泛分布在政府部门，如：民政部（儿童福利司和社会救助司）、人力资源和社会保障部（就业与社会保险）、教育部（教育福利）、医保局（卫生福利）、住房和城乡建设部（住房福利）、

卫生健康委员会（基层卫生健康司、老龄健康司、人口监测和家庭发展司、保健局等）、妇联（妇女、家庭福利）、共青团（青少年福利）、工会（职工福利）、民族事务委员会（少数民族福利）等，这种分散供给的模式虽然有利于专业的效率，但不利于福利制度的统筹与质量的控制，特别是容易造成福利体制的分割与交叉重叠。不同群体、不同身份的居民福利待遇千差万别，不利于社会的团结与稳定，如：我国长期存在城乡二元结构体制及户籍制度的分割，城乡居民之间的福利存在显著差异，不利于城乡一体化的发展，更不利于社会的稳定和谐。其次，不同职业属性的福利待遇差异也存在明显的差异，不同居民存在典型的身份化，不同身份群体对应着不同的福利保障制度，是我国社会福利碎片化、制度分割最集中的体现，如：从福利对象来看，分为机关事业单位职工、城镇企业职工、城镇居民和农村居民等，同时不同的养老和医疗保险制度也区分为："干部保"、"职工保"、"居民保"等各种身份区隔（毕天云，2016），限制了不同社会成员之间的社会流动与身份转变，长此以往，必然会造成社会隔阂甚至社会排斥。因此，政府在社会体制改革中要尽快打破社会保障制度领域中的束缚，以居民需要的满足为出发点，尽快完成统一社会保障制度的构建。

第三节　研究贡献与局限

一、研究贡献

第一，在我国社会保障的福利体制研究中，居民福利态度研究严重不足（臧其胜，2014；杨琨，2019），"相对于国际学术界对福利态度研究的热衷，中国的福利态度研究才刚刚有点动静"（岳经纶，2018），所以，本研究基于我国大型综合社会调查数据（CGSS）首次尝试基于多维度指标体系测量我国居民的福利态度，贯通以我国为背景的居民福利态度理论与实证的研究。

第二，利用基于全国的调查数据进行实证分析，为福利态度的国际研究提供中国样本。目前关于福利态度研究基本都是以西方社会为研究对象，本研究针对福利态度系统而专门的研究有利于弥补我国社会政策关于福利态度理论研究的不足，同时开展我国居民福利态度的研究，可以更好地了解我国居民对社会政策的认受性，为国际福利态度研究提供中国样本，同时推进福利态度研究的本土化。

第三，在福利态度分析中融入社会差异的分析，并尝试从分配公平感视角解释我国居民福利态度变化的影响机制。不仅有助于丰富现有的福利态度影响因素及机制的研究成果，也有利于检视社会差异在我国居民福利态度形成中的作用。

二、研究局限

本研究也存在一些不足之处。首先，个体的态度是多维且多变的，如何精准地把握居民福利态度的变化是一个多维度长时态的议题。由于我国福利态度的研究处于起步阶段，还缺乏成熟和专门的数据库来测量和研究民众的福利态度，因而只能借助于中国综合社会调查 CGSS2005 和 2015 年的数据库，虽然选取的该模块部分是在借鉴 ISSP 政府责任与社会态度认知的基础上形成的，但该数据库的研究主题是工作、就业和能源，因此关于民众再分配态度和社会认知的测量指标较少（杨琨，2019）。由此，基于 CGSS 数据多维度测量的我国居民福利态度指标体系相应的累积方差解释率还有待进一步提高，这表明对我国居民福利态度的在动态中精准测量是值得继续深入研究的方向。其次，研究虽然得出我国居民福利态度十年间的变迁是由于分配公平感的调节影响，但还有其他主客观因素的存在，并未能一一探知。此外，囿于数据，本文在分配不公平感上虽然将其操作化为结果不公平与机会不公平感，但测量的内容相对还存在不足，目前尚未有成熟的"机会公平感"量表，这也是值得继续深入研究方向之一。最后，在居民福利需要与福利政策之间的还存在较长的逻辑链，本文只是基于理论进行阐释了居民福利态度有可能对社会政策发展产生的影响，但具体二者之间的逻辑关系特别是社会政策的制定与设计是否以及什么时候设计遵循公众偏好，本文并没有呈现，这也是目前整个福利国家研究存在的重大学术性困扰，即社会政策的设计如何遵循公众偏好，以及如何使公众遵循现有政策设计以及为什么（Raven et al.，2011）。

三、福利态度理论研究展望

党的二十大报告明确提出，人民对美好生活的向往是中国式现代化建设的出发点和落脚点，要"紧紧抓住人民最关心最直接最现实的利益问题……着力解决好人民群众急难愁盼的问题。"福利态度正是我国居民美好生活需要的关键表达，反映了民众的社会需求。由此，我们需要进一步加强对居民福利态度的研究，这不仅有助于精准把握居民的现实需要及对当前社会政策供给的动态调整，而且是增强政府社会保障回应性治理的重要切入点。但到目前为止，我国尚未建立专门的福利态度数据库。本研究基于中国综合社会调查的数据发现，当前我国居民福利态度呈现积极的上升态势，主要原因在于个体的社会分配不公平感上升。为此，政府要充分发挥社会政策的再分配调节作用，加快促进全体人民共同富裕进程，畅通社会流动渠道，促进社会公平正义。

参考文献

一、中文文献

[1] 阿马蒂亚·森, 2013. 理性与自由 [M]. 北京: 中国人民大学出版社.

[2] 埃斯平-安德森著, 苗正民, 滕玉英译. 2009. 福利资本主义的三个世界 [M]. 北京: 商务印书馆出版社.

[3] 毕天云, 2016. 大福利视域下的中国社会福利体系整合研究 [M]. 北京: 中国社会科学出版社.

[4] 博·罗思坦, 靳继东, 丁浩, 译. 2017. 正义的制度: 全民福利国家的道德和政治逻辑 [M]. 北京: 中国人民大学出版社.

[5] 曹艳春, 2013. 我国适度普惠型社会福利制度发展研究 [M]. 上海: 上海人民出版社.

[6] 陈家建, 张琼文, 2015. 政策执行波动与基层治理问题 [J]. 社会学研究, 30 (03): 23-45+242-243.

[7] 樊纲, 王小鲁, 张立文, 朱恒鹏. 2003. 中国各地区市场化相对进程报告 [J]. 经济研究, (03): 9-18+89.

[8] 顾昕, 2016. 走向发展型福利国家 [J]. 南风窗, (26): 25-27.

[9] 郭忠华, 刘训练著, 2007. 公民身份与社会阶级 [M]. 南京: 江苏人民出版社.

[10] 何立新, 潘春阳, 2011. 破解中国的 "Easterlin 悖论": 收入差距、

机会不均与居民幸福感 [J]. 管理世界, (08): 11-22+187.

[11] 贺东航, 孔繁斌, 2011. 公共政策执行的中国经验 [J]. 中国社会科学, (05): 61-79+220-221.

[12] 黄晨熹, 2016. 福利社会: 理论、制度和实践 [M]. 彭华民, (日) 平野隆之, 编. 北京: 中国社会科学出版社.

[13] 霍萱, 高琴, 杨穗, 2019. 从经济政策范式到社会政策范式: 中国农村反贫困历程变迁与动力 [J]. 中国农业大学学报 (社会科学版), 36 (06): 116-127.

[14] 景天魁, 2013a. 底线公平福利模式 [M]. 北京: 中国社会科学出版社.

[15] 景天魁, 2013b. 民生建设的"中国梦": 中国特色福利社会 [J]. 探索与争鸣, (08): 4-10.

[16] 景天魁, 毕天云, 2009. 从小福利迈向大福利: 中国特色福利制度的新阶段 [J]. 理论前沿, (11): 5-9.

[17] 克劳斯·奥菲, 2011. 福利国家的矛盾 [M]. 长春: 吉林人民出版社.

[18] 李博, 左停, 2017. 谁是贫困户? 精准扶贫中精准识别的国家逻辑与乡土困境 [J]. 西北农林科技大学学报 (社会科学版), 17 (04): 1-7.

[19] 李春玲, 2005. 断裂与碎片: 当代中国社会阶层分化实证分析 [M]. 北京: 社会科学文献出版社.

[20] 李路路, 2003. 再生产的延续: 制度转型与城市社会分层结构 [M]. 北京: 中国人民大学出版社.

[21] 李培林, 张翼, 2008. 中国中产阶级的规模、认同和社会态度 [J]. 社会, (02): 1-19+220.

[22] 李强, 2002. 转型时期的中国社会分层结构 [M]. 哈尔滨: 黑龙江人民出版社.

[23] 刘继同, 2004. 人类需要理论与社会福利制度运行机制研究 [J]. 中共福建省委党校学报, (08): 29-33.

［24］刘继同，2009. 社会福利制度战略升级与构建中国特色福利社会［J］. 东岳论丛，（01）：78-86.

［25］刘军强 . 2010. 社会政策发展的动力：20 世纪 60 年代以来的理论发展述评 . 社会学研究，25（04）：199-221+246.

［26］刘敏，2015. 适度普惠型社会福利制度：中国福利现代化的探索［M］. 北京：中国社会科学出版社 .

［27］刘欣，2007. 中国城市的阶层结构与中产阶层的定位［J］. 社会学研究，（06）：1-14+242.

［28］陆学艺，2002. 当代中国社会阶层研究报告［M］. 北京：社会科学文献出版社 .

［29］马尔库塞，2014. 单向度的人：发达工业社会意识形态研究（第 11 版）［M］. 上海：上海译文出版社 .

［30］诺曼·巴里，储建国，译 . 2005. 福利［M］. 长春：吉林人民出版社 .

［31］彭华民，2010. 论需要为本的中国社会福利转型的目标定位［J］. 南开学报（哲学社会科学版），（04）：52-60.

［32］彭华民，2011. 中国组合式普惠型社会福利制度的构建［J］. 学术月刊，43（10）：16-22.

［33］彭华民，2012. 中国政府社会福利责任：理论范式演变与制度转型创新［J］. 天津社会科学，（06）：77-83.

［34］皮凯蒂，巴曙松，陈剑，余江，等，译 . 2014.21 世纪资本论［M］. 北京：中信出版社 .

［35］尚晓援，2001. "社会福利"与"社会保障"再认识［J］. 中国社会科学，（03）：113-121.

［36］沈冰清，林闽钢，2020. 社会福利态度研究的动态与趋势［J］. 江西财经大学学报，（06）：57-65.

［37］沈冰清，林闽钢 . 福利体制如何影响福利态度？——全球视野下的福利体制效应及传导作用分析［J］. 公共管理与政策评论，2023，12（06）：

96-115.

[38] 宋时歌，1998. 权力转换的延迟效应——对社会主义国家向市场转变过程中的精英再生与循环的一种解释 [J]. 社会学研究，(03)：26-36.

[39] 苏祥，2015. 权力分配的函数：中国社会保障制度的差序格局 [D]. 武汉大学.

[40] 孙立平，2002. 实践社会学与市场转型过程分析 [J]. 中国社会科学，(05)：83-96.

[41] 谭安奎，2014. 政治哲学：问题与争论 [M]. 北京：中央编译出版社.

[42] 唐钧，1995. 市场经济与社会保障 [M]. 哈尔滨：黑龙江人民出版社.

[43] 万国威.2015. 中国大陆弱势群体社会福利态度研究 [J]. 公共管理学报，12（01）：58-69+155-156.

[44] 汪海波，罗莉，汪海玲编著，2018.R 语言统计分析与应用 [M]. 北京：人民邮电出版社.

[45] 汪润泉，王凯，2016. 我国城乡居民收入再分配偏好的比较研究——基于 CGSS 数据的实证分析 [J]. 公共治理评论，(02)：133-142.

[46] 王浦劬，孙响，2020. 公众的政府满意向政府信任的转化分析 [J]. 政治学研究，(03)：13-25+125.

[47] 王绍光，2007. 安邦之道：国家转型的目标与途径 [M]. 北京：生活·读书·新知三联书店.

[48] 王思斌，2004. 社会政策时代与政府社会政策能力建设 [J]. 中国社会科学，(6)：4-24.

[49] 王思斌，2009. 我国适度普惠型社会福利制度的建构 [J]. 北京大学学报（哲学社会科学版），46（03）：58-65.

[50] 王小鲁，樊纲，胡李鹏.2019. 中国分省份市场化指数报告 [M]. 北京：社会科学文献出版社.

[51] 卫生年鉴编委会，1999. 中国卫生年鉴 [M]. 北京：人民卫生出版

社.

[52] 卫兴华，1994. 中国社会保障制度研究 ［M］. 北京：中国人民大学出版社.

[53] 乌尔里希·贝克，2004. 风险社会 ［M］. 南京：译林出版社.

[54] 吴明隆. 2010. 问卷统计分析实务：SPSS 操作与应用 ［M］. 重庆：重庆大学出版社.

[55] 吴玉玲. 中国人福利态度变迁趋势研究（2001—2018）——基于年龄–时期–世代模型的实证分析 ［J］. 社会保障评论，2022，6（04）：147–159.

[56] 伍德里奇；费剑平等（译）（2003）. 计量经济学导论：现代观点 ［M］. 北京：中国人民大学出版社.

[57] 习近平. 2023. 习近平著作选读（第二卷）. 北京：人民出版社.

[58] 肖越，2021. 社会公平感、再分配偏好与福利态度——基于 CGSS2015 数据的实证分析 ［J］. 大连理工大学学报（社会科学版）：1-9.

[59] 徐建斌，刘华，2013. 社会公平认知、流动性预期与居民再分配偏好——基于 CGSS 数据的实证研究 ［J］. 云南财经大学学报，29（02）：48-56.

[60] 亚伯拉罕·哈罗德·马斯洛，2013. 动机与人格 ［M］. 北京：北京燕山出版社.

[61] 杨琨，2015. 老年人的福利态度及影响因素 ［J］. 重庆社会科学，（03）：61-69.

[62] 杨琨，2019. 中国民众的再分配态度与形成机制研究 ［D］. 香港中文大学.

[63] 杨琨，彭华民. 地区收入不平等与中国居民再分配福利态度——基于 CGSS 2015 的分析 ［J］. 社会工作，2023，（03）：1-12+99-100.

[64] 姚大志，2015. 论福利机会的平等 ［J］. 学术月刊，47（02）：23-29.

[65] （英）多亚尔和高夫；汪淳波等译，2008. 人的需要理论 ［M］. 北

京：商务印书馆．

［66］（英）尼古拉斯·巴尔；郑秉文、穆怀中等译．2003．福利国家经济学［M］．北京：中国劳动社会保障出版社．

［67］郁建兴，何子英，2010．走向社会政策时代：从发展主义到发展型社会政策体系建设［J］．社会科学，（07）：19-26+187-188．

［68］岳经纶，2008．社会政策学视野下的中国社会保障制度建设——从社会身份本位到人类需要本位［J］．公共行政评论，（04）：58-83+198-199．

［69］岳经纶，2013．优化社会保障制度是完善社会主义制度的本质要求［J］．中国公共政策评论，7：1-5．

［70］岳经纶，2014．社会政策与"社会中国"［M］．北京：社会科学文献出版社．

［71］岳经纶，2018．专栏导语：福利态度：福利国家政治可持续性的重要因素［J］．公共行政评论，11（03）：50-54．

［72］岳经纶，程璆，2020．新中国成立以来社会福利制度的演变与发展——基于社会权利视角的分析［J］．北京行政学院学报，（01）：93-102．

［73］岳经纶，方珂，蒋卓余，2020．福利分层：社会政策视野下的中国收入不平等［J］．社会科学研究，（01）：115-124．

［74］岳经纶，方萍，2015．民生财政的量度：民生支出若干概念的比较分析［J］．中国公共政策评论，9：1-21．

［75］岳经纶，刘璐，2016．中国正在走向福利国家吗——国家意图、政策能力、社会压力三维分析［J］．探索与争鸣，（06）：30-36．

［76］岳经纶，张虎平，2018．收入不平等感知、预期与幸福感——基于2017年广东省福利态度调查数据的实证研究［J］．公共行政评论，11（03）：100-119+211-212．

［77］岳经纶，陈泽群，韩克庆主编，2009．中国社会政策［M］．格致出版社；上海人民出版社．

［78］岳经纶等著．2022．人民美好生活需要与社会政策创新［M］．北京：社会科学文献出版社．

[79] 臧其胜, 2014. 态度、行动与结构：福利中国的演进逻辑 [D]. 南京大学.

[80] 臧其胜, 2016. 政策的肌肤：福利态度研究的国际前沿及其本土意义 [J]. 公共行政评论, 9 (04)：171-190+209-210.

[81] 张虎平. 2023. 我国城镇居民的福利态度变迁：基于社会分层视角的分析 [J]. 中国公共政策评论, 24 (02)：65-85.

[82] 张虎平, 岳经纶, 2024. 市场转型、分配不公平感与福利态度 [J]. 南京社会科学, (05)：59-70.

[83] 张军扩, 叶兴庆, 葛延风, 等, 2019. 中国民生满意度继续保持在较高水平——中国民生调查 2019 综合研究报告 [J]. 管理世界, 35 (10)：1-10.

[84] 郑秉文, 2005. 社会权利：现代福利国家模式的起源与诠释 [J]. 山东大学学报（哲学社会科学版）, (02)：1-11.

[85] 郑春荣, 郑启南, 2018. 新世纪以来德国民众福利态度的变化及其影响因素分析 [J]. 公共行政评论, 11 (03)：81-99+211.

[87] 郑功成, 2008a. 中国社会保障 30 年 [M]. 北京：人民出版社.

[88] 郑功成, 2008b. 中国社会保障改革与发展战略：理念、目标与行动方案 [M]. 北京：人民出版社.

[89] 钟剑华, 祁雯. 福利权. 等主编. 2009. 中国社会政策 [M]. 上海：格致出版社.

[90] 周弘, 2006. 福利国家向何处去? [M]. 北京：社会科学文献出版社.

[91] 朱玲, 2000. 政府与农村基本医疗保健保障制度选择 [J]. 中国社会科学, (04)：89-99+206.

二、英文文献

[1] Adam, J. ed. （1991）. Economic reforms and welfare systems in the ussr, poland and hungary. Palgrave Macmillan UK.

［2］Ahn, S. H. , & Kim, S. W. （2014）. Dynamic cleavages of 'welfare rights and duties' in public attitude towards old-age pensions: A comparative study. European Societies, 16（1）, 90-111.

［3］Alesina, A. F. , & Giuliano, P. （2009）. Preferences for redistribution. SSRN Electronic Journal.

［4］Alvarez-Sousa A. （2015）. The Influence of the Crisis on the Pillars of the Welfare State. The opinion of EU citizens. Revista De Cercetare Si Interventie Sociala, 49, 5-22.

［5］Andonie, C. , Kuzmics, C. , & Rogers, B. W. （2019）. Efficiency-based measures of inequality. Journal of Mathematical Economics, 85, 60-69.

［6］Andreß, H. J. （2001）. Four worlds of welfare state attitudes? A comparison of germany, norway, and the united states. European Sociological Review, 17（4）, 337-356.

［7］Arikan, G. , & Bloom, P. B. -N. （2015）. Social values and cross-national differences in attitudes towards welfare. Political Studies, 63（2）, 431-448.

［8］Arneson, R. J. （1989）. Equality and equal opportunity for welfare. Philosophical Studies, 56（1）, 77-93.

［9］Baldwin, P. （1990）. The Politics of Social Solidarity: Class Bases of the European Welfare State, 1875-1975. Cambridge University Press.

［10］Baslevent, C. , & Kirmanoglu, H. （2011）. Discerning self-interested behaviour in attitudes towards welfare state responsibilities across Europe: Self-interested behaviour in attitudes towards welfare state responsibilities. International Journal of Social Welfare, 20（4）, 344-352.

［11］Baumberg, B. （2016）. The stigma of claiming benefits: A quantitative study. Journal of Social Policy, 45（2）, 181-199.

［12］Bian, Y. , & Logan, J. R. （1996）. Market transition and the persistence of power: The changing stratification system in urban china. American Sociological Review, 61 (5), 739.

［13］Blekesaune, M. (2003). Public attitudes toward welfare state policies: A comparative analysis of 24 nations. European Sociological Review, 19 (5), 415-427.

［14］Blekesaune, M. (2007). Economic conditions and public attitudes to welfare policies. European Sociological Review, 23 (3), 393-403.

［15］Blekesaune, Morten. (2013). Economic strain and public support for redistribution: A comparative analysis of 28 european countries. Journal of Social Policy, 42 (1), 57-72.

［16］Bobbio, N., & Cameron, A. (1996). Left and right: The significance of a political distinction. University of Chicago Press.

［17］Boberg-Fazlic, N., & Sharp, P. (2018). North and south: Long-run social mobility in England and attitudes toward welfare. Cliometrica, 12 (2), 251-276.

［18］Briggs, A. (1961). The welfare state in historical perspective. European Journal of Sociology, 2 (2), 221-258.

［19］Brito Vieira, M., Carreira da Silva, F., & Pereira, C. R. (2017). Waiting for godot? Welfare attitudes in portugal before and after the financial crisis. Political Studies, 65 (3), 535-558.

［20］Calzada, I., Gomez - Garrido, M., Moreno, L., & Moreno - Fuentes, F. J. (2014). It is not only about equality: A study on the (Other) values that ground attitudes to the welfare state. International Journal of Public Opinion Research, 26 (2), 178-201.

［21］Calzada, I., & del Pino, E. (2008). Perceived efficacy and citizens' attitudes toward welfare state reform. International Review of Administrative Sciences, 74 (4), 555-574.

［22］Cappelen, A. W., Cappelen, C., Kuhnle, S., & Tungodden, B. (2018). How to retrench the welfare state: Attitudes in the general population. Social Policy & Administration, 52 (4), 862–879.

[23] Charron, N., & Lapuente, V. (2013). Why do some regions in Europe have a higher quality of government? The Journal of Politics, 75 (3), 567–582.

[24] Chung, H., & Meuleman, B. (2017). European parents' attitudes towards public childcare provision: The role of current provisions, interests and ideologies. European Societies, 19 (1), 49–68.

[25] Chung, H., Taylor–Gooby, P., & Leruth, B. (2018). Political legitimacy and welfare state futures: Introduction. Social Policy & Administration, 52 (4), 835–846.

[26] Cnaan, R. A. (1989). Public opinion and the dimensions of the welfare state. Social Indicators Research, 21 (3), 297–314.

[27] Croll, E. J. (1999). Social welfare reform: Trends and tensions. The China Quarterly, 159, 684–699.

[28] Daatland, S. O., Veenstra, M., & Herlofson, K. (2012). Age and intergenerational attitudes in the family and the welfare state. Advances in Life Course Research, 17 (3), 133–144.

[29] Davis, D. (1989). Chinese social welfare: Policies and outcomes. The China Quarterly, 119, 577–597.

[30] Esping – Andersen, G., & van Kersbergen, K. (1992). Contemporary research on social democracy. Annual Review of Sociology, 18 (1), 187–208.

[31] Evans, M., &Kelley, J. (2018). Strong welfare states do not intensify public support for income redistribution, but even reduce it among the prosperous: A multilevel analysis of public opinion in 30 countries. Societies, 8 (4).

[32] Faricy, C. (2017). Partisanship, class, and attitudes towards the divided welfare state. The Forum, 15 (1).

［33］Feldman, S. , & Steenbergen, M. R. （2001）. The humanitarian foundation of public support for social welfare. American Journal of Political Science, 45 （3）, 658.

［34］Gelissen, W. A. , John. （2001）. Welfare states, solidarity and justice principles: Does the type really matter? Acta Sociologica, 44 （4）, 283-299.

［35］Goerres, A. , & Tepe, M. （2010）. Age-based self-interest, inter-generational solidarity and the welfare state: A comparative analysis of older people's attitudes towards public childcare in 12 OECD countries: self-interest, intergen-erational solidarity and the welfare state. European Journal of Political Research, 49 （6）, 818-851.

［36］Gundelach, P. （1996）. National value differences: Modernization or institutionalization? The European Legacy, 1 （2）, 627-644.

［37］Hansen, K. J. （2019）. Who cares if they need help? The deservingness heuristic, humanitarianism, and welfare opinions. Political Psychology, 40 （2）, 413-430.

［38］Hasenfeld, Y. , & Rafferty, J. A. （1989）. The determinants of public attitudes toward the welfare state. Social Forces, 67 （4）, 1027.

［39］Hatemi, P. K. , & McDermott, R. （2016）. Give me attitudes. Annual Review of Political Science, 19 （1）, 331-350.

［40］Heien, T. , & Bielefeld, D. H. （1999）. How do welfare regimes in-fluence attitudes? A comparison of five European countries and the United States 1985-1996. ECSR-Workshop: Causes and Consequences of Socio-Economic and Political Attitudes in Eastern and Western Europe.

［41］Hill, M. J. （2006）. Social policy in the modern world: A comparative text. Blackwell.

［42］Holliday, I. （2000）. Productivist welfare capitalism: Social policy in east asia. Political Studies, 48 （4）, 706-723.

［43］ILO.（2017）. Minimum wage policy guide, International Labour Organization, Geneva.

［44］Jæger, M. M.（2006）. Welfare regimes and attitudes towards redistribution: The regime hypothesis revisited. European Sociological Review, 22（2）, 157-170.

［45］Jaeger, M. M.（2009）. United but divided: Welfare regimes and the level and variance in public support for redistribution. European Sociological Review, 25（6）, 723-737.

［46］Jakobsen, T. G.（2011）. Welfare attitudes and social expenditure: Do regimes shape public opinion? Social Indicators Research, 101（3）, 323-340.

［47］Kam, C. D., & Nam, Y.（2008）. Reaching out or pulling back: Macroeconomic conditions and public support for social welfare spending. Political Behavior, 30（2）, 223-258.

［48］Kennett, P.（2013）. A Handbook of comparative social policy（2. nd）. Elgar.

［49］Korpi, W.（1989）. Power, politics, and state autonomy in the development of social citizenship: social rights during sickness in eighteen OECD countries since 1930. American Sociological Review, 54（3）, 309-328.

［50］Koster, F.（2014）. Economic openness and welfare state attitudes: A multilevel study across 67 countries: Economic openness and welfare state attitudes. International Journal of Social Welfare, 23（2）, 128-138.

［51］Kuivalainen, S., & Erola, Jani.（2017）. Swinging support? Economic cycles and changes in the public attitudes towards welfare recipients in Finland 1995-2010. European Societies, 19（4）, 419-439.

［52］Kulin, J.（2011）. Values and welfare state attitudes the interplay between human values, attitudes and redistributive institutions across national contexts. Umea University.

［53］Larsen, C. A.（2008）. The institutional logic of welfare attitudes:

How welfare regimes influence public support. Comparative Political Studies, 41 (2), 145–168.

[54] Larsen, C. A. (2011). Ethnic heterogeneity and public support for welfare: Is the american experience replicated in britain, sweden and denmark?: ethnic heterogeneity and public support for welfare. Scandinavian Political Studies, 34 (4), 332–353.

[55] Larsen, C. A., & Dejgaard, T. E. (2013). The institutional logic of images of the poor and welfare recipients: A comparative study of British, Swedish and Danish newspapers. Journal of European Social Policy, 23 (3), 287–299.

[56] Leventi, C., Sutherland, H. and Tasseva, I. V. (2017). Improving poverty reduction in Europe: what works best where?, EUROMOD Working Paper EM 8/17, University of Essex, Colchester.

[57] Lipsmeyer, C., & Nordstrom, T. (2003). East versus West: Comparing political attitudes and welfare preferences across European societies. Journal of European Public Policy, 10 (3), 339–364.

[58] Lipsmeyer, C. S. (2003). Welfare and the discriminating public: Evaluating entitlement attitudes in post-communist europe. Policy Studies Journal, 31 (4), 545–564.

[59] MacPherson, S., & Midgley, J. (1987). Comparative social policy and the Third World. Wheatsheaf Books; St. Martin's Press.

[60] Marshall, T. H. (1977). Class, citizenship, and social development. Univ. of Chicago Press.

[61] Marx, P., & Naumann, E. (2018). Do right-wing parties foster welfare chauvinistic attitudes? A longitudinal study of the 2015 'refugee crisis' in Germany. Electoral Studies, 52, 111–116.

[62] Matthews, S., &Erickson, Lynda. (2008). Welfare state structures and the structure of welfare state support: Attitudes towards social spending in Canada, 1993–2000. European Journal of Political Research, 47, 411–435.

［63］Mauldon, J. G. , London, R. A. , Fein, D. J. , Patterson, R. , & Sommer, H. （2004）. Attitudes of welfare recipients toward marriage and child-bearing. Population Research and Policy Review, 23（5-6）, 595-640.

［64］Mewes, J. , & Mau, S. （2013）. Globalization, socio - economic status and welfare chauvinism: European perspectives on attitudes toward the exclusion of immigrants. International Journal of Comparative Sociology, 54（3）, 228-245.

［65］Miller, S. , & Rein, M. （1975）. Can Income Redistribution work. Social Policy.

［66］Mizrahi, S. （2016）. Economic conditions, government effectiveness and public attitudes towards the welfare state. Journal of Poverty and Social Justice, 24（2）, 157-170.

［67］Nee, V. （1989）. A theory of market transition: From redistribution to markets in state socialism. American Sociological Review, 54（5）, 663.

［68］Ng, I. Y. H. （2015）. Welfare attitudes of singaporeans—Ambiguity in shifting socio - political dynamics. Social Policy & Administration, 49（7）, 946-965.

［69］Petersen, M. B. , Sznycer, D. , Cosmides, L. , & Tooby, J. （2012）. Who deserves help? Evolutionary psychology, social emotions, and public opinion about welfare: who deserves help? Political Psychology, 33（3）, 395-418.

［70］Pierson, C. （2006）. Beyond the welfare state? The new political e-conomy of welfare（3rd ed）. Polity.

［71］Piterová, I. , & Výrost, J. （2019）. Welfare attitudes over time of v4 -, northern - and western european countries in ess round 4 and round 8 data. Intersections, 5（1）.

［72］Quadagno, J. （1987）. Theories of the welfare state. Annual Review of Sociology, 13（1）, 109-128.

［73］ Raven, J. , Achterberg, P. , Van Der Veen, R. , & Yerkes, M. (2011) . An institutional embeddedness of welfare opinions? The link between public opinion and social policy in the netherlands（1970-2004）. Journal of Social Policy, 40（2）, 369-386.

［74］ Roller, E.（1995）. The Welfare State: The Equality Dimension. In O. Borre & E. Scarbrough , The scope of government. Oxford University Press.

［75］ Roosma, F. , Gelissen, J. , & van Oorschot, W.（2013）. The multidimensionality of welfare state attitudes: A european cross-national study. Social Indicators Research, 113（1）, 235-255.

［76］ Rothstein, B.（1998）. Just institutions matter: The moral and political logic of the universal welfare state. Press Syndicate of the University of Cambridge; Cambridge University Press.

［77］ Rudra, N.（2007）. Welfare states in developing countries: Unique or universal? The Journal of Politics, 69（2）, 378-396.

［78］ Sabbagh, C. , & Vanhuysse, P.（2006）. Exploring attitudes towards the welfare state: Students' views in eight democracies. Journal of Social Policy, 35 （4）, 607-628.

［79］ Sachweh, P.（2018）. Conditional solidarity: Social class, experiences of the economic crisis, and welfare attitudes in europe. Social Indicators Research, 139（1）, 47-76.

［80］ Salmina, A.（2014）. Social attitudes towards welfare policies in Russia and other European countries. International Social Work, 57（5）, 459-469.

［81］ Saxonberg, S.（2005）. Does transition matter?: Bringing welfare attitudes into the debate. European Societies, 7（2）, 287-319.

［82］ Schofield, T. P. , & Butterworth, P.（2018）. Are negative community attitudes toward welfare recipients associated with unemployment? Evidence from an australian cross-sectional sample and longitudinal cohort. Social Psychological and Personality Science, 9 (5), 503-515.

[83] Schuck, B. , & Shore, J. (2019) . How intergenerational mobility shapes attitudes toward work and welfare. The Annals of the American Academy of Political and Social Science, 682 (1), 139-154.

[84] Selden, M. , & You, L. (1997) . The reform of social welfare in China. World Development, 25 (10), 1657-1668.

[85] Seppo, P. (1989) . Stability and change in the public support for the welfare state: finland 1975 - 1985. International Journal of Sociology & Social Policy, 8 (6), 1-25.

[86] Sihvo, T. , & Uusitalo, H. (1995) . Economic crises and support for the welfare state in finland 1975-1993. Acta Sociologica.

[87] Skocpol, T. , & Amenta, E. (1986) . States and social policies. Annual Review of Sociology, 12 (1), 131-157.

[88] Soroka, S. N. , & Wlezien, C. (2010) . Public opinion and public policy. Oxford University Press.

[89] Stefano, M. , Iacus, Gary, King, & Giuseppe, et al. (2017) . Causal inference without balance checking: coarsened exact matching. Political Analysis.

[90] Sundberg, T. (2014) . Attitudes to the welfare state: A systematic review approach to the example of ethnically diverse welfare states. Sociological Research Online, 19 (1), 202-213.

[91] Sundberg, T. , & Taylor-Gooby, P. (2013) . A systematic review of comparative studies of attitudes to social policy. Social Policy & Administration, 47 (4), 416-433.

[92] Svallfors, S. (1991) . The politics of welfare policy in sweden: Structural determinants and attitudinal cleavages. The British Journal of Sociology, 42 (4), 609.

[93] Svallfors, S. (1995) . The end of class politics? Structural cleavages

and attitudes to swedish welfare policies. Acta Sociologica, 38 (1), 53-74.

[94] Svallfors, S. (1997) . Worlds of welfare and attitudes to redistribution: A comparison of eight western nations. European Sociological Review, 13 (3), 283-304.

[95] Svallfors, S. (2004) . Class, attitudes and the welfare state: Sweden in comparative perspective. Social Policy and Administration, 38 (2), 119-138.

[96] Svallfors, S. (2010) . Public Attitudes. In F. G. Castles, The Oxford handbook of the welfare state. Oxford University Press.

[97] Taylor-Gooby, P. (1983) . Legitimation deficit, public opinion and the welfare state. Sociology, 17 (2), 165-184.

[98] Taylor-Gooby, P. , Leruth, B. , & Chung, H. (2019) . Identifying attitudes to welfare through deliberative forums: The emergence of reluctant individualism. Policy & Politics, 47 (1), 97-114.

[99] Thurstone, L. L. (1931) . The measurement of social atttitudes. The Journal of Abnormal and Social Psychology, 22 (2), 249-269.

[100] van Oorschot, W. , Reeskens, T. , & Meuleman, B. (2012) . Popular perceptions of welfare state consequences: A multilevel, cross-national analysis of 25 European countries. Journal of European Social Policy, 22 (2), 181-197.

[101] Wilensky, H. J. , & Lebeaux, C. (1965) . Industrial society and social welfare. Free Press.

[102] Wilensky, H. L. (1974) . The welfare state and equality: Structural and ideological roots of public expenditures. University of California Press.

[103] Wong, L. (1998) . Marginalization and social welfare in China. Routledge.

[104] Wong, T. K. , Wan, S. P. , & Law, K. W. (2008) . High expectations and a low level of commitment: A class perspective of welfare attitudes in Hong Kong. Issues&Studies, 44 (2), 219-247.

［105］ Wong, T. K. Wan, S. P., & Law, K. W. （2009）. Welfare attitudes and social class: The case of Hong Kong in comparative perspective: Welfare attitudes and social class. International Journal of Social Welfare, 18 （2）, 142-152.

［106］ Wu, X. （2009）. Income inequality and distributive justice: A comparative analysis of mainland china and hong kong. The China Quarterly, 200, 1033-1052.

［107］ Wulfgramm, M., & Starke, P. （2017）. Divided by the market, divided by the state: Distribution, redistribution and welfare attitudes in 47 countries: divided by the market, divided by the state: distribution, redistribution and welfare attitudes in 47 countries. Scandinavian Political Studies, 40 （1）, 1-27.

［108］ Yang, D. L. （2006）. Remaking the Chinese Leviathan: Market transition and the politics of governance in China （Nachdr.）. Stanford Univ. Press.

［109］ Zimmermann, K., Heuer, J. -O., & Mau, S. （2018）. Changing preferences towards redistribution: How deliberation shapes welfare attitudes. Social Policy & Administration, 52 （5）, 969-982.

附录 1 CGSS 相关调查条目

CGSS2005 和 2015 年主要重复调查条目节选

CGSS-2005 题号	CGSS-2015 题号	相对应的题目
A2_1	A2	被访者的性别
A3_1	A3	被访者的年龄
A4_1	A4	被访者的民族
A5_1	A18	被访者的户口性质
B1	A69	被访者的婚姻状况
B3a	A7a、b	被访者的最高教育程度
B4a	A10	请问您是否是共产党员
B9f	A59k	您单位或公司的所属性质属于哪一类
B12b	A8a	您 2004（2014）全年总收入是多少元
C4b	A11	您现在住房的（套内）建筑面积
C8	A63	您家庭共有几口人（目前常住在一起的有几个人）
C13	A64	您家的社会经济地位在本地大体属于哪一个层次
D1	A15	您上个月（目前）的身体健康状况如何

续表

CGSS-2005 题号	CGSS-2015 题号	相对应的题目
E8	B5	考虑到您的能力和工作状况，您认为目前的收入是否合理
F14a	B13_1	同意程度：应该从有钱人那里征收更多的税收帮助穷人
F14c	B13_3	同意程度：只要孩子够努力、够聪明，都能有同样的升学机会
F14d	B13_4	同意程度：在我们这个社会，工人和农民的后代与其他人的后代一样，有同样多的机会
F16a	B14_1	总体来说，您认为政府是否应该或有责任提供以下福利呢？——人人有工作机会
F16b	B14_2	总体来说，您认为政府是否应该或有责任提供以下福利呢？——人人有医疗保险
F16c	B14_3	总体来说，您认为政府是否应该或有责任提供以下福利呢？——为老人提供生活保障
F17a	B15_1	您对政府在如下工作的表现是否满意？——为患者提供医疗服务
F17b	B15_2	您对政府在如下工作的表现是否满意？——为老人提供适当的生活保障
F17c	B15_3	您对政府在如下工作的表现是否满意？——提供优质的基础教育
F17g	B15_7	您对政府在如下工作的表现是否满意？——政府部门秉公办事
F17i	B15_9	您对政府在如下工作的表现是否满意？——帮助穷人、维护社会公平

注：内容整理自 CGSS2005 和 2015 年调查问卷。